MICRO DEMOCRACIA

LA REVOLUCIÓN DE LA DEMOCRACIA EN LA ERA DE LA INFORMACIÓN

Por Aaron Ran

Traductora: Meyling Largaespada

Índice

Prólogo

Mientras la revolución de la información ha traído mucha prosperidad a la economía y ha mejorado significativamente la calidad de vida, silenciosamente, también está creando una tormenta en el ámbito de la política y las relaciones sociales, destinada a sacudir la base del orden mundial. Este vértigo presenta una breve oportunidad para que las personas construyan un nuevo y perfecto sistema político para reemplazar los que se han roto, y este libro proporciona un anteproyecto y un plan de acción. Sin embargo, la determinación y las acciones audaces son las que realmente importan. La mayoría de las personas no está preparada para cambios repentinos, pero la existencia de oportunidades se da precisamente porque, en este preciso momento, los gobernantes del mundo antiguo están igualmente confundidos. Si el miedo a lo desconocido frena a las personas, las fuerzas antiguas se agruparán rápidamente, afianzando sus ventajas en las tecnologías, volviéndolas un nuevo yugo con el cual someter a las masas, sofocando la esperanza por la libertad y la felicidad debajo del cascarón del mundo antiguo.

Para aquellos que vivieron en la era de la agricultura, el mundo debió haber parecido una serie de reiteraciones interminables. Luego, vino la era industrial y la evolución de la sociedad comenzó a mostrar una dirección de progreso, aunque esto tomó toda una vida para manifestarse. En la era de la información, la evolución de la civilización se ha acelerado repentinamente, al tiempo que la transformación social no tiene precedentes en términos de velocidad y escala. Estar actualizado con las nuevas tecnologías se ha convertido en la habilidad esencial de supervivencia de las personas. Microsoft, en tan solo treinta años, pudo poner "Una computadora en cada escritorio y en cada hogar"[1], y la oleada de celulares inteligentes comenzada por Apple acabó con esas computadoras todavía más rápido: en tan solo doce años, este pequeño y mágico dispositivo se convirtió en un nuevo órgano adherido a todos. En un instante, ahora vivimos de una manera inimaginable para la generación pasada. A pesar de estos cambios dramáticos, el sistema político sigue siendo el diseño centenario de revolucionarios a caballo. Este contraste plantea la pregunta de si la revolución de la información también llegará inevitablemente al territorio de la política.

En el mundo de los negocios, el proceso de automatización y la toma de decisiones inteligente ayudó a optimizar la producción y la distribución, gradualmente reduciendo los trámites burocráticos, especialmente aquellos pasos manuales ineficientes y costosos. Los sistemas de cadena de suministros cada vez más integrados han hecho que las colaboraciones globales sean más directas y eficientes; los nuevos sistemas de comercio electrónico redujeron la ruta de la fábrica a los consumidores. Como resultado, los usuarios finales influencian las decisiones en la producción y los procedimientos de ventas de manera más directa y exacta.

En la arena política, las acciones humanas no solo son ineficientes, sino que siempre han sido susceptibles a la corrupción. Es comprensible que reemplazar las operaciones manuales y las convenciones obsoletas con procedimientos democráticos automatizados e inteligentes mejoraría drásticamente la eficiencia y transparencia en la creación de políticas. Sobre todo, las voluntades de las personas afectarán las decisiones políticas de manera más directa, para que la política pueda servir a la justicia social y a los intereses públicos, trayendo más armonía y satisfacción a la sociedad. Esta visión pareció fuera de nuestro alcance, pero los desarrollos en el domino económico han probado que, una vez que las condiciones estén listas, el ritmo de cambio se puede extender más allá de nuestra imaginación.

Antes de diseñar un nuevo sistema, es necesario diagnosticar los defectos de los viejos, como para recetar el medicamento apropiado. Sin embargo, la crítica no es la intención de este libro.

G. W. F. Hegel una vez propuso que *"Lo que es razonable es real; y todo lo que es real es razonable"*[2], lo que muchas veces es malinterpretado para justificar el injusto statu quo. A pesar del engaño y la malicia, esta lógica no es totalmente inaceptable. Cada sistema político duradero, ya sea justo, avanzado, perfecto o lo contrario, tiene que ser un producto razonable de los tiempos y los ambientes. Si las condiciones materiales sociales y la cultura continúan igual, sería extremadamente difícil, o hasta imposible, transformar completamente un sistema político estable.

Por ejemplo, no debemos juzgar y criticar ligeramente el sistema de esclavitud en el Antiguo Egipto utilizando los derechos humanos y estándares morales de hoy, ignorando la productividad y la realidad social de esos tiempos. Igualmente, a pesar de los defectos en los sistemas democráticos contemporáneos, primero debemos colocarlos en las circunstancias de sus épocas doradas, evaluarlos con justicia y tomar en cuenta sus superioridades en sus contextos históricos. Sin embargo, debido a que el mundo está atravesando cambios fundamentales en esta nueva era, la reforma del sistema político se convierte en la demanda natural de nuestro tiempo. Es moralmente justificable, viable para implementar, e incluso inevitable.

Antes de empezar a escribir este libro, estas ideas habían surgido en mi mente hace muchos años. Este largo retraso fue debido a la pereza, pero también a la humildad. Mientras las tendencias y soluciones históricas sean tan evidentes, los académicos y activistas sociales no podrán obviarlas. Si tuvieran que hacer propuestas, sería más convincente e interesante. Lamentablemente, las teorías comparables han surgido de manera muy lenta. Alguna vez surgieron líneas de razonamiento similares, pero las personas se dieron por vencidas fácilmente después de encontrar obstáculos obvios. Siendo ese el caso, solo puedo suponer que ciertas experiencias y cualificaciones me han dado oportunidades y perspectivas únicas para juntar la política, los negocios y la tecnología en nuevas concepciones. Como un testigo de tremendos cambios sociales, un observador que ha viajado por el mundo y un practicante que ha contribuido con transformaciones actuales de la información, estoy convencido que la micro democracia, que será introducida en este libro, es la mejor solución que nuestra era está esperando. Con la ayuda de la tecnología de la información moderna, cada miembro de una sociedad abierta será capaz de participar directamente en la toma de decisiones de cada asunto público, ejercer en su totalidad su parte de poder, independiente e incondicionalmente. La unidad más pequeña de una sociedad democrática, los ciudadanos, serán capaces de operar directamente las unidades más diminutas de la toma de decisiones democrática, los asuntos.

Por lo tanto, es llamada *micro democracia*.

El origen de la teoría de la micro democracia puede ser encontrado en la antigua "democracia directa", comparada con la "democracia indirecta" o la "democracia representativa", la cual domina actualmente. Aunque las reglas de la democracia directa, donde las personas deciden sobre los asuntos directamente, son bastante justas y directas, su operabilidad se reduce rápidamente con un incremento en el número de personas y una expansión del territorio. Por consiguiente, nunca ha sido adoptada en las naciones modernas. Por otro lado, la democracia representativa, en la que las personas eligen a los representantes que toman decisiones por ellos, a pesar de contar con procesos complicados y tecnicismos ocultos, al menos es viable para ejecutarse en sociedades de gran escala, lo que la convierte en la estructura política dominante hoy en día. Sin embargo, a medida que la nueva información y las tecnologías de comunicación han evolucionado, los problemas que una vez impidieron la implementación de la democracia directa han sido solucionados uno por uno, y la mayoría de esas soluciones han sido correctamente probadas en actividades comerciales.

En la teoría de la micro democracia, la democracia directa es solo la base. Las superestructuras, como los derechos humanos, el bienestar social, los mecanismos de convivencia de la diversidad de la sociedad y los mecanismos de evolución de la civilización, son realmente sus valores centrales cuyos impactos son más trascendentales. La micro democracia no es un remiendo de los problemas aislados, sino un sistema social integrado y una solución completa para muchos padecimientos de los sistemas políticos actuales. El utilitarismo[3] es la búsqueda final de este diseño; el objetivo es la felicidad general máxima de toda la sociedad, con la legitimidad y franqueza como sus principios rectores.

Como dice el dicho, "el diablo está en los detalles". Esto aplica al diseño y la ingeniería de los sistemas de información, y el sistema político no es la excepción. A modo de ejemplo, la teoría comunista de Carlos Marx una vez les trajo a las personas un concepto fascinante y un gran anteproyecto. Sin embargo, debido a su temprana muerte o al descuido de los detalles de la realidad, demasiados vacíos en la base de este espléndido castillo finalmente resultaron en su colapso definitivo. Es un problema común de muchos académicos de la política, quienes son buenos en darle sentido a casos seleccionados para después probar sus teorías, en vez de presentar una visión y directrices realistas con antelación. En particular, la falta de planes de ejecución específicos y factibles causa la dificultad de imponer influencias directas y substanciales sobre las operaciones sociales actuales. Evitando tales errores, este libro no solo comenta los conceptos y principios del nuevo sistema, sino también presta especial atención a los detalles en el nivel operacional, intentando prevenir que la micro democracia se convierta en "otra fantasía". Además, para comprender y aceptar esta teoría se necesita una imaginación fértil y una mente abierta. Con entusiasmo, invito a los lectores a dejar de un lado los prejuicios, explorar esta idea en su totalidad y actuar juntos para un mundo mejor en el nombre de la felicidad y bienestar de las personas.

Capítulo 1 **El Voto**

"Todos los seres humanos nacen libres e iguales en dignidad y derechos"[1]. Este el principio central de la democracia. La democracia representativa emite esta igualdad en la forma de una persona, un voto, lo que parece justo y claro, pero existen defectos fatales e imprecisos detrás de este preconcepto. Los dos mayores problemas son una transferencia forzada de los derechos civiles y una simplificación excesiva de la igualdad.

En la antigua Grecia, todos los ciudadanos podían participar en discusiones abiertas sobre los asuntos públicos en la asamblea principal, o ecclesia[2]. Generalmente, estas discusiones abordaban asuntos específicos: si construir un puente, si comenzar una guerra, cómo enmendar una ley, y así sucesivamente. Seguido a eso, las propuestas por las que los ciudadanos ordinarios votaban también eran sobre estos asuntos específicos, así que los resultados de la toma de decisiones eran, sin lugar a duda, un reflejo directo y preciso de la voluntad popular. Debido a que la forma de los debates en ese tiempo usualmente favorecía a los oradores elocuentes y apasionados, y debido a la exclusión de esclavos y mujeres, tales prácticas democráticas estaban lejos de ser perfectas. De todas maneras, esta forma de discusión directa y el poder votar sobre asuntos específicos fue, desde luego, una fiel interpretación de los principios de la democracia.

Sin embargo, bajo la democracia representativa, el poder de toma de decisiones de los ciudadanos es transferido forzadamente. Aparentemente, todos los ciudadanos tienen un voto igualitario; sin embargo, con excepciones extremadamente raras (como los referéndums), los asuntos votados casi nunca son específicos como construir puentes, empezar una guerra o enmendar leyes. En lugar de eso, las opciones en la boleta son nombres de candidatos. Además, el enfoque de la votación también cambia, de los asuntos públicos a las capacidades y personalidades de esos candidatos. Cuando los ciudadanos votan, dos cosas suceden. Primero, los ciudadanos renuncian al derecho de participar directamente en la toma de decisiones sobre temas actuales. Segundo, los ciudadanos también transfieren todos sus poderes de toma de decisiones, incondicionalmente, al candidato elegido, sin importar si esta persona fue la elección de los ciudadanos. Por eso, esta boleta no representa una prueba de los derechos democráticos de los ciudadanos, sino una exención del poder democrático.

El diseño de la democracia representativaestá basado en un impulsivo supuesto: bajo la influencia del poder del voto, el candidato electo se mantendrá leal a los deseos de sus votantes cuando tome decisiones y actúe como portavoz para defender los intereses de sus votantes. En realidad, sin embargo, este supuesto es una ilusión. Aparentemente, los candidatos electos ganan la fuerza proveniente de sus votantes, sin embargo, las élites privilegiadas son las verdaderas dueñas del poder. Estas élites controlan grupos de intereses especiales para engañar y manipular al electorado, y solo toman prestadas las manos de los votantes para pasar encargos a sus sirvientes. Por lo tanto, la lealtad del elegido naturalmente va hacia las élites privilegiadas y a los grupos de intereses especiales pues ellos, a diferencia de los votantes, son los que verdaderamente organizaron sus exitosas elecciones. No es que las personas ordinarias sean demasiado imprudentes y tontas para tomar buenas decisiones, pero todo el sistema político y económico ha sido construido bajo diseños meticulosos de los grupos de intereses especiales por muchos años, lo que le da a la clase gobernante abrumadoras ventajas de control sobre la información, la opinión pública, la economía y las leyes.

En una democracia más madura, las campañas de relaciones públicas directamente determinan la aceptación de la población sobre los candidatos, lo que depende altamente de un suficiente apoyo financiero. Aunque el dinero no es el único determinante en el resultado de una elección, los abundantes recursos financieros muchas veces dan a los candidatos ventajas significativas[3]. Adicionalmente, los acontecimientos planeados, el control de los medios de noticias y la manipulación de los sistemas militares/policiales para intervenir en la elección, son también trucos comunes de los grupos de intereses especiales. Estos métodos pueden, muchas veces, influir fuertemente en la actitud y decisión de los votantes y llevar a los resultados de la votación que desean los poderosos.

En otros países autoritarios seudodemocráticos, la manipulación de la elección no es un secreto y se realiza sistemáticamente. Al limitar las cualificaciones de los candidatos, aumentando las capas electorales, u organizando elecciones sin ningún margen, la clase gobernante puede fácilmente impedirles a los candidatos obtener posiciones cruciales, por consiguiente, toman el control total sobre las decisiones importantes.

Con esta inversión, los grupos de intereses especiales insertan sus agentes en el círculo del diseño de políticas para poder robar los intereses públicos a través de estas manos y disfrutar abundantes ganancias. Mientras tanto, los candidatos inocentes llevan la desventaja como resultado de la falta de recursos y los cálculos de sus oponentes. Debido a que el poder de toma de decisiones de los ciudadanos está concentrado y es transferido al elegido, los grupos de intereses especiales pueden, indirectamente y secretamente, dominar todos los poderes del Estado sobornando solo a algunos candidatos durante la temporada de elecciones. Obviamente, es más fácil, más barato y más seguro que ganarse siempre a la mayoría de la población directamente. Por consiguiente, no sorprende que la democracia representativa se haya convertido en la herramienta más útil y amada de los grupos de intereses especiales. Lo cierto es que ellos probablemente atesoran este sistema más que un ciudadano común. Como podemos ver, la causa principal de la corrupción política en la sociedad democrática actual no es ni la moralidad de los políticos ni la efectividad de la ejecución de la ley, sino el fallo inherente del propio sistema político.

Aunque apartemos casos maliciosos intencionales y nos enfoquemos en los candidatos más genuinos y decentes, otro defecto fatal de la democracia representativa todavía no se puede evitar: el alcance de la toma de decisiones va, usualmente, mucho más allá del área de especialización de cualquier persona. Debido a tales limitaciones personales de los representantes elegidos, las decisiones que toman son basadas en otras experiencias irrelevantes o en preferencias personales, o son influenciados por las opiniones de los "asesores" alrededor de ellos. A pesar de que las opiniones de estos comités de expertos son, algunas veces, muy influyentes para las decisiones, ellos usualmente no son opciones para los votantes, aunque sus conocimientos, sus posturas políticas y conflictos de intereses   sean inadecuados.

Para empeorar las cosas, el periodo de mandato para los representantes elegidos dura años y la terminación temprana o sustitución es casi imposible. Con el tiempo, los representantes se vuelven menos sensibles a la voz de los votantes. Durante el periodo de poder, aunque los representantes rompan las promesas hechas a sus simpatizantes o sean evidentemente incompetentes, los votantes no podrán hacer más que esperar que su mandato termine. Alternativamente, un periodo muy corto también puede representar un problema. Cuando se aproxima una elección, los políticos siempre están ansiosos por mostrar sus logros para complacer a los votantes y patrocinadores. Así que ellos tienden a enfocarse en los objetivos a corto y mediano plazo que sean beneficiosos para sus carreras políticas inmediatas. Los grandes planes que requieren una visión a largo plazo y una tendencia hacia la implementación son conscientemente ignorados. Esta paradoja muestra que no importa qué tan largo sea el mandato, no existe ningún punto de balance perfecto en el cual la sociedad se beneficiará realmente.

En respuesta al problema anterior, la única solución efectiva es abolir la democracia representativa completamente. Si ya no existen representantes, los ciudadanos no tendrán que transferir sus poderes políticos a nadie y, por consiguiente, el foco del voto regresa a los mismos asuntos públicos específicos. También, sin estos intermediarios, las fallas en el mecanismo de retroalimentación de opinión pública y el estancamiento del poder no existirán más.

El simplificar demasiado la igualdad de los derechos no es algo exclusivo de la democracia representativa; también es un problema cotidiano entre otros sistemas democráticos. La principal consecuencia de esta excesiva simplificación es que abandona las variaciones entre los asuntos específicos y los ciudadanos individuales en la toma de decisiones, especialmente la diferencia en la fuerza de la conexión que los une a ambos. Como resultado, la igualdad en la toma de decisiones es muy cruda y, algunas veces, hasta peligrosa para los intereses públicos. En microeconomía se ha reconocido, desde hace tiempo, que los beneficios marginales no son constantes ni iguales. Este principio ha sido aplicado ampliamente en las actividades comerciales y ha jugado un papel vital para el éxito de las economías de mercado. En el sistema político actual, tal diferenciación de personalidad no se ha considerado seriamente. La igualdad de los derechos civiles siempre se ha simplificado en el contexto de la toma de decisiones compartida (es decir, una decisión equitativa se comparte con todos los involucrados en el tema) y usualmente fracasa en su incorporación a un diseño racional, a pesar de ser el concepto más común de la igualdad. Con los siguientes ejemplos vamos a comentar los problemas y cómo solucionarlos.

Primero, imagine una propuesta para construir una gran represa. Para los residentes que viven en el área de embalse, el impacto puede ser devastador. Pueden tener que abandonar sus hogares que probablemente sean destruidos, perder sus tierras cultivadas por generaciones y renunciar a sus estilos de vida familiares, sus sustentos y las relaciones sociales. Los residentes que viven lejos pueden disfrutar los beneficios de la represa, como un abastecimiento eléctrico más estable y precios más bajos de la energía. Para las personas que viven en áreas más remotas, el impacto puede ser mínimo o ninguno. Bajo dichas circunstancias, ¿es justo y razonable dar a los tres tipos de personas descritos el mismo poder de toma de decisiones en esta propuesta? ¿Deben los ciudadanos cuyos intereses no están asociados con la decisión tener la misma voz como aquellos que tienen un interés sustancial en ella? Claramente, la respuesta es no. La pequeña alegría de uno y el enorme dolor de otro no deben pesar igual en la escala de moralidad, y viceversa. La igualdad de la democracia no debe ser interpretada simplemente como que una persona es equivalente a una persona. También, debe considerar el grado de los efectos en los ciudadanos individuales. Hablando de manera abstracta, es necesario reconocer la diferencia objetiva de la conexión que une al órgano con poder de decisión (ciudadano) con el objeto (asunto) en el nivel micro, cuantificar la intensidad de tales vínculos y luego, incorporarlo en la optimización de toma de decisiones.

Para abordar las consideraciones anteriores, la micro democracia afirma que, en la toma de decisiones democrática, los ciudadanos poseen el peso adicional del poder de toma de decisiones en asuntos específicos correspondiente al grado de la relevancia del interés. Bajo este principio, cuando se observa un asunto particular aislado, desde una mirada holística, la igualdad se nota cuando los ciudadanos tienen un acceso igualitario al poder de toma de decisiones adicional para asuntos que les interesan más. Esta estrategia de reequilibrio contribuye a la utilidad de la sociedad; dicho de otro modo, la felicidad general de sus habitantes se incrementará.

Algunos pueden argumentar que bajo la simple regla de "una persona, un voto", los contratiempos anteriores pueden ser evitados si el votante considera que su decisión afecta a otros. Lamentablemente, esto pone requerimientos poco realistas en los estándares éticos de los votantes. El egoísmo en la motivación humana es una realidad demostrada y ha jugado un papel clave durante la formación de las sociedades modernas y los sistemas económicos. En el caso de niveles combinados de éticas sociales, tales requerimientos solo benefician a aquellos individuos egoístas. Estudios psicológicos han revelado que el fenómeno de "sesgo atribucional"[4] resulta en una tendencia egoísta que lleva a las personas a subestimar involuntariamente el sufrimiento de los demás. Por consiguiente, incluso en un mundo ideal donde las personas alcancen un estado noble y generoso, y que estén debidamente informados, sería todavía imposible mejorar la utilidad social confiando en esta definición simplista de la igualdad.

Ahora, imagine otra propuesta para que la nación sea parte de un tratado de comercio internacional. El análisis anterior sobre la relevancia del interés del esquema sugiere que este tipo de tratados afecta a todos los ciudadanos más o menos por igual, pero en realidad, impactaría más a aquellos que estén involucrados en el negocio del comercio internacional. De acuerdo con el principio de relevancia del interés, el poder de toma de decisiones de los ciudadanos individuales debe variar de acuerdo con los vínculos de interés. Sin embargo, este ajuste suele enfocarse en impactos directos, parciales y a corto plazo, mientras ignora efectos indirectos, globales y a largo plazo. En realidad, los vínculos entre los impactos a corto plazo del comercio internacional y las políticas industriales, y las implicaciones a largo plazo no siempre son claras. Para aquellos sin conocimientos económicos y experiencia en el comercio mundial, algunos de los efectos macroscópicos a largo plazo pueden ser difíciles de entender. Además, algunos sectores que parecen ser irrelevantes al principio, pueden tener relaciones estrechas potenciales con el tratado a la larga. Para analizar y predecir correctamente las implicaciones generales, el conocimiento y experiencia relevante de los expertos contribuirá enormemente.

Ciertamente, ha habido un eterno y acalorado debate sobre el populismo y el elitismo; específicamente, si la política debe ser diseñada por las bases emocionales y con poca visión del futuro, o por las élites egoístas y arrogantes. Contrario a cualquier caso - ambos defectuosos - la micro democracia proporciona un balance, una solución racional que elimina la arrogancia y los abusos de poder. Logra esto al darle a los ciudadanos un poder de toma de decisiones adicional basado en sus niveles de educación y/o experiencias laborales en los campos relacionados. A diferencia de los sistemas políticos existentes, la distribución de ese poder de toma de decisiones solo depende del conocimiento acumulado y la experiencia de cada ciudadano individual, no de sus estatus actuales o sus posiciones en las instituciones. Tan abierta y descentralizada como es esta distribución de poder, que recolectará la sabiduría de toda la sociedad de una manera balanceada y justa. Las autoridades académicas, los oficiales gubernamentales y el cerrado círculo de la élite no seguirán teniendo privilegios exclusivos sobre las decisiones. Sus opiniones minoritarias serán reemplazadas con el conocimiento de toda la población.

Mientras cada ciudadano puede acumular conocimiento y experiencia en ciertas áreas, ningún ciudadano es capaz de adquirir conocimiento y experiencia en todas las materias. Por consiguiente, ya no habrá una clase elitista universal. En lugar de eso, en las materias específicas, habrá diferentes grupos de expertos o *Élites de Expertos*. Debido a que la acumulación del conocimiento y las experiencias es un proceso gradual y dinámico, las llamadas élites de expertos son solo un concepto estadístico. No hay ninguna frontera definida o calificación para distinguirlas del resto de la población. Cuando se observa la toma de decisiones de un asunto particular aislado, la diferencia en el conocimiento y la experiencia resultará en desigualdad en el poder de toma de decisiones entre los ciudadanos. Sin embargo, la igualdad se reflejará en un nivel más alto: cualquiera puede ser élite en las áreas donde hayan trabajado o estudiado, y nadie será élite para todas las áreas.

Bajo este diseño, se vuelve una necesidad y obligación para la sociedad el proporcionar a los ciudadanos iguales oportunidades para la educación. Solamente así tendrán oportunidades justas para convertirse en élites de expertos según sus elecciones y, consecuentemente, para alcanzar la igualdad social. Este tema será desarrollado con más profundidad en el capítulo *Derechos Humanos*.

Para nuestro ejemplo final, imagine una propuesta para construir una zona de parqueos en el pueblo que requiere talar un bosque para obtener espacio. En este caso, además de los intereses objetivos y el conocimiento, puede haber más factores que valga la pena considerar. El bosque puede parecer algo común para algunos residentes, pero para otros, puede haber sido un lugar para muchos de sus eventos importantes en sus vidas y estar ligado a recuerdos memorables. Debido a que maximizar el bienestar social total es un objetivo fundamental de la micro democracia, los gustos emocionales de las personas deben ser honrados. Es decir, los ciudadanos con un interés emocional fuerte en la decisión deben tener un poder de toma de decisiones adicional. Sin embargo, los factores emocionales pueden ser difíciles de cuantificar. Incluso dentro de la misma situación, personas con diferentes personalidades pueden tener diferentes respuestas emocionales con intensidades variables. Afortunadamente, los estudios psicológicos proporcionaron algunos conocimientos útiles: mientras las personas pasan más tiempo con otras personas, cosas y lugares, la intensidad de sus vínculos emocionales generalmente incrementa[5]. Esto significa que la intensidad emocional tiene una relación positiva directa con el período. Con la excelente mensurabilidad, el tiempo funciona como un criterio cuantitativo indirecto para las emociones. Para el ejemplo anterior, la duración de residencia puede ser utilizada como la base para calcular el poder de toma de decisiones adicional de las personas para asuntos locales.

Estudios psicológicos y sociológicos han revelado que cuando las personas pueden, más o menos, predecir asuntos futuros, sus sentidos de seguridad y bienestar mejoran[6]. Adicionalmente, el respeto a las costumbres y tradiciones usualmente contribuye a la estabilidad social, lo cual es asociado también a cuánto tiempo las personas pasan con ellas.

Por consiguiente, el tiempo, como un indicador sustituto aproximado de las medidas emocionales y como un ancla de la estabilidad social, debe ser nivelado para determinar el poder de toma de decisiones adicional en asuntos locales. Si observamos la toma de decisiones en un asunto local específico aislado, una diferencia en la duración de residencia resultará en desigualdad en el poder de toma de decisiones entre los ciudadanos. Sin embargo, de nuevo, la igualdad es reflejada a nivel: todos van a acumular tiempo en sus vidas al mismo ritmo. Para los ciudadanos, el tiempo en sus vidas siempre será contado en años de residencia en alguna parte y será valorado con igualdad.

Para asegurar la igualdad aún más, una sociedad viviendo en micro democracia siempre debe proporcionar a sus ciudadanos la libertad migratoria para que ellos puedan acumular tiempo de residencia en los lugares que escojan, equitativamente y voluntariamente. Esto será desarrollado con más profundidad en el capítulo *Derechos Humanos*.

Del análisis anterior, los principios del derecho al voto en una micro democracia se pueden resumir así:

1. Todos los ciudadanos votan directamente por las propuestas para cada asunto específico.
2. Todos los ciudadanos tienen un poder de toma de decisiones básico igualitario para cada asunto específico.
3. Los ciudadanos poseen un poder de toma de decisiones adicional que corresponde con sus niveles de relevancia de interés asociados con el asunto específico.
4. Los ciudadanos poseen un poder de toma de decisiones adicional que corresponde con sus niveles de conocimiento y experiencia en las materias asociadas con el asunto específico.
5. Los ciudadanos poseen un poder de toma de decisiones adicional que corresponde con la duración de residencia en el lugar con el que está asociado al asunto específico.

6. El poder de toma de decisiones final de cada ciudadano en la propuesta de un asunto específico es la suma de sus varios y básicos poderes de toma de decisiones adicionales.

7. Cada ciudadano tiene los mismos derechos y oportunidades para obtener varios poderes de toma de decisiones adicionales.

8. La resolución es determinada por la suma de los poderes de toma de decisiones recibidos por cada escenario de la propuesta.

Para demostrar cómo funciona la micro democracia, vamos a introducir un país ficticio, *Vianland*, donde cada ciudadano tiene acceso al sistema micro democrático nacional, para votar y hacer otras operaciones, usando dispositivos electrónicos personales.

Para mi propuesta, el peso electoral es calculado para cada uno de los ciudadanos basado en su situación personal. Inicialmente, todos poseen 1.0 voto básico. Si la propuesta tiene variaciones evidentes en la relevancia del interés para diferentes ciudadanos, dichos ciudadanos poseen diferentes pesos electorales adicionales como corresponde. Por ejemplo, para una decisión relacionada con la explotación de un campo petrolífero, los residentes ubicados a lo largo de 10 millas del sitio de perforación poseen 1.0 voto adicional, los residentes a lo largo de 5 millas poseen 2.0 votos adicionales y los residentes que viven a 2 millas poseen 3.0 votos adicionales. Si el conocimiento y la experiencia contribuyen con la calidad de la decisión de manera significativa, los ciudadanos calificados poseen un peso electoral adicional. En el caso de la decisión sobre la explotación del campo petrolífero, los ciudadanos graduados en extracción de petróleo, protección ambiental o tecnología energética poseen 0.5 voto adicional; aquellos con maestrías poseen 1.0 voto adicional y aquellos con doctorados poseen 1.5 votos adicionales. De la misma manera, aquellos con 5 años de experiencia relacionada con la industria poseen 0.5 voto adicional; con 10 años de experiencia poseen 1.0 voto adicional; y con más de 10 años de experiencia reciben 1.5 votos adicionales. Para los ciudadanos que tengan tanto títulos académicos como experiencia laboral, sus pesos electorales adicionales son la suma de ambos. Si los residentes viven cerca del sitio de extracción, también poseen un peso electoral adicional basado en la duración de residencia hasta un nivel de 0.5 voto por año. Basado en las reglas anteriores, cada peso electoral del ciudadano para la propuesta es la suma de todos los pesos electorales descritos:

Peso electoral final=
Peso electoral básico +
Peso electoral adicional interés-relevancia +
Peso electoral adicional conocimiento-experiencia +
Peso electoral adicional residencia-duración

O de manera más abstracta:

Peso electoral final=
Peso básico +
Peso del factor interés +
Pcso del factor conocimiento +
Peso del factor tiempo

La decisión es determinada por la suma de los pesos electorales finales para cada opción, recibidos por todos los votantes.

Es importante anotar que las reglas de cálculo y la fórmula de los pesos electorales en los ejemplos descritos son meramente para demostrar los principios y mecanismos de la micro democracia. De ninguna manera son la configuración más razonable y apropiada. Esta declaración se aplica a todos los ejemplos relacionados con *Vianland* en este libro, a menos que se indique lo contrario.

Para construir el sistema micro democrático, las combinaciones de las diferentes reglas y fórmulas determinarán la dirección de las políticas e impondrán un impacto dominante en la formación y desarrollo de la sociedad. Como será detallado en los capítulos siguientes, con la autoadaptación y el mecanismo de retroalimentación del país con micro democracia, estas configuraciones serán revisadas constantemente según pase el tiempo y progresen las situaciones; la sociedad entrará en un ciclo sin fin de auto optimización. Tal diversidad y dinamismo traerá una vitalidad extraordinaria a la sociedad, permitiéndole crecer y autorrenovarse indefinidamente. Eventualmente, formas sociales inmejorables surgirán como resultado de esta competencia pacífica. El estudio de dichas configuraciones y mecanismos de evolución es, en sí mismo, suficiente como una rama de la futura disciplina de gestión política, la cual se profundiza más adelante en este libro.

Para distinguir la autodeterminación de la determinación en masa, es necesario limitar el alcance de la toma de decisiones en el que los ciudadanos puedan participar. Actualmente, todos los países han implementado alguna división regional y jerarquía. Descomponer y distribuir órdenes administrativas, nivel por nivel, ayuda a cumplir las políticas centrales. Al mismo tiempo, este diseño concede ciertos grados de autonomía a nivel regional. Bajo el sistema micro democrático, las consideraciones legítimas y racionales van primero y la eficiencia en la ejecución está de segunda cuando se planea una división regional. Un comentario detallado sobre la formación y la división de áreas administrativas se puede encontrar en el capítulo *Leyes*. Aquí solo es presentado conceptualmente.

El mecanismo del peso electoral en la discusión anterior está diseñado para mejorar la igualdad en la toma de decisiones democrática. Para que realmente funcione, se debe de prestar una atención especial al hecho de que los ciudadanos solo participan en las decisiones sobre asuntos "relacionados" en vez de "cualquier" asunto. Cerrar el paso de los ciudadanos hacia asuntos con los cuales no tengan relación es vital para la legitimidad de las decisiones democráticas. En efecto, la causa raíz de "la tiranía de la mayoría en contra de la minoría" es la interferencia de las personas en asuntos que nos les conciernen. Esta situación ocurre tan seguido que se ha convertido en "la tiranía de la mayoría en contra de la mayoría". Cualquier persona es una posible víctima de esta tiranía en algunas decisiones, mientras es un perpetrador en otras.

En el diseño del sistema electoral de la micro democracia, las reglas del peso de la relevancia del interés podrían resolver el problema anterior de algún modo. Sin embargo, las decisiones relacionadas con los asuntos internos de una ciudad, aunque los residentes locales posean pesos electorales de partes interesadas más altos, difícilmente puede compensar los amplios votos de bajo peso de la totalidad de la población de todo el país. Por consiguiente, para que el mecanismo del peso electoral funcione efectivamente, todavía es necesario aislar el alcance de la toma de decisiones de acuerdo a su relevancia para los votantes. Al mismo tiempo, la simplificación excesiva debe ser evitada para que las personas afectadas por las políticas no sean apartadas de la toma de decisiones.

Para continuar con el ejemplo, suponga que una ciudad planea excavar un gran lago para mejorar el medio ambiente. A primera vista, esto parece ser un asunto local para la ciudad; por consiguiente, solo los residentes de la ciudad tienen los votos. Sin embargo, si la construcción del lago causará cambios en el flujo de los ríos cercanos, afectando la irrigación agrícola en las zonas río abajo, entonces se convierte en un asunto regional con un alcance más amplio, y la población agrícola río abajo debe ser parte de la votación. Es más, si el proyecto requiere un financiamiento nacional, entonces la decisión se convierte en un asunto nacional y todos los ciudadanos son aptos para participar en la toma de decisiones. También debe considerarse si se deben conceder pesos electorales adicionales a los residentes pasados.

En algunas circunstancias, los círculos virtuales se pueden usar para las decisiones que se extienden más allá de las fronteras geográficas. Por ejemplo, las personas mayores en todo el país pueden decidir sobre asuntos relacionados con la vejez, siempre y cuando no se vean afectados los derechos de los ciudadanos de otros rangos de edades. Las ciudadanas en todo el país pueden tomar decisiones sobre los asuntos de las mujeres si los derechos e intereses de los otros géneros no son afectados. Los residentes de una región costera pueden tomar decisiones sobre asuntos relacionados con la protección medioambiental marina, siempre y cuando los derechos e intereses de los residentes en el interior no sean afectados. Adicional a las innumerables situaciones de divisiones virtuales de toma de decisiones, los grupos sociales y las comunidades internacionales podrían aplicar estos métodos para la toma de decisiones democrática, y más allá del poder estatal.

Tomando en cuenta estas circunstancias adicionales, los principios básicos electorales de la micro democracia pueden ser resumidos así:

1. Las personas relevantes para los asuntos específicos son aptas para participar en sus decisiones y son consideradas como los votantes relevantes.
2. Los votantes relevantes poseen los mismos pesos electorales básicos para la decisión.
3. Los votantes relevantes poseen pesos electorales adicionales basados en principios razonables y reglas iguales para la decisión.
4. El peso electoral final de los votantes relevantes es la suma del peso electoral básico y los varios pesos electorales adicionales.
5. La decisión es determinada por el total de pesos electorales para cada opción.

 # Delegación

Bajo el sistema micro democrático, una dificultad práctica ocurre cuando los ciudadanos poseen el poder electoral directo sobre las decisiones para todos los asuntos públicos. Existen tantas decisiones que requieren atención, en términos de tiempo, energía, información y conocimientos, que todas ellas están lejos de la capacidad de procesamiento de las personas ordinarias. Esto podría poner en riesgo la igualdad de la toma de decisiones. Agentes claros, organizados y profesionales o instituciones leales a los intereses públicos serán de gran utilidad para esta situación. Este es el supuesto papel que juegan los actuales políticos y los partidos políticos; desafortunadamente, sin embargo, el sistema de democracia representativa, fatalmente defectuoso, ha resultado en un completo fracaso para lograr una adecuada toma de decisiones.

En la democracia representativa, solo los representantes y los oficiales gubernamentales tienen acceso a suficiente información, recursos y autoridad para tomar decisiones informadas. Los ciudadanos ordinarios solo pueden aceptar cualquiera de las decisiones que estos representantes hayan tomado, de manera ciega y pasiva. Como fue mencionado en el primer capítulo, cuando los ciudadanos votan, automáticamente ceden su poder de toma de decisiones sobre problemas actuales, y transfieren sus poderes nominales al elegido. Tal transferencia de poder básicamente forma una relación de delegación entre los ciudadanos y los agentes políticos. Lamentablemente, la delegación en la democracia representativa es inmoral por las siguientes razones:

Primero, la relación de delegación en una democracia representativa es compulsiva. Sin importar si el elegido es el candidato por el cual el ciudadano votó, y sin importar si el ciudadano está dispuesto, desde un inicio, a delegar el poder de toma de decisiones a alguien, tal relación de delegación será impuesta a las personas de todas formas. Las condiciones de la delegación, como la autoridad y los términos, son diseñados por delegados anteriores. Obviando situaciones excepcionales, es virtualmente imposible que los votantes puedan cancelar o hacer ajustes a la delegación hasta que el periodo del delegado termine. Debido a que las reglas y condiciones de la relación de delegación es impuesta a las personas, este tipo de relación no tiene fundamento moral.

Bajo algunos regímenes autocráticos, que se hacen pasar por democracias representativas, los gobernantes pueden fácilmente quitar la calificación de candidato a los disidentes controlando los medios de comunicación, manipulando los procedimientos legales y restringiendo las condiciones electorales. Solo aquellos que están dispuestos a complacer al grupo gobernante son permitidos en el órgano representativo. Por supuesto, tal institución representativa no es apta para verdaderamente representar a las personas y también, es incapaz de responder a la retroalimentación del pueblo, como es necesario en una delegación efectiva. El resultado es una legión de marionetas a quienes el gobernante puede manejar a su antojo. Mientras el poder de toma de decisiones es poseído firmemente por el grupo gobernante en un sistema administrativo cerrado, el proceso de la democracia representativa es simplemente un espectáculo ceremonial. La verdadera función de este ritual es transferir el poder político nominal de los ciudadanos, a través de procedimientos legales y formales, desde los órganos representativos al sistema administrativo donde la voluntad del gobernante puede reinar libremente. También, proporciona protección legal a las acciones autoritarias del gobernante, destruyendo la legalidad de la resistencia civil. Evidentemente, a pesar del procedimiento cuidadosamente diseñado, no existe ninguna legitimidad moral para un seudo sistema representativo.

Segundo, la relación de delegación en una democracia representativa es ciega. Cuando los ciudadanos votan, ellos no saben si el candidato que seleccionaron estará comprometido con esta relación de delegación en la futura toma de decisiones, pues no existe ningún mecanismo efectivo para garantizar dicha lealtad.

Existen muchas restricciones para las calificaciones de los candidatos, especialmente la necesidad de obtener fondos para la campaña, y los engorrosos procedimientos bloquean a la mayoría de las personas. Como resultado, el número de candidatos es desproporcionado para el total de la población. Esto deja poco margen de acción para que los ciudadanos tomen decisiones informadas y los obliga a que, ciegamente, escojan entre un pequeño grupo de opciones imperfectas. Esta ceguera, a su vez, agranda notablemente los efectos de la promoción, la representación y la publicidad, lo que incrementa, aún más, la dependencia de los candidatos a la ayuda financiera, fortaleciendo la influencia de los patrocinadores (en vez de la de los votantes) sobre las decisiones.

El poder de los representantes es demasiado amplio y nubla la visión de los votantes cuando evalúan las habilidades para representar de los candidatos. Debido a que es imposible que los candidatos tengan el adecuado dominio del conocimiento y la experiencia para cubrir todas las áreas posibles de toma de decisiones, no tiene sentido escogerlos basándose en sus experiencias y habilidades en cada materia. En vez de eso, las consideraciones electivas de los votantes se desvían al sentido común, la personalidad, la identidad, la popularidad y, muchas veces, a la apariencia. En esos casos, aunque el representante electo sea un modelo de virtud y un genio de la sabiduría, sus conocimientos siempre serán insuficientes. Así que, nunca existe una garantía de calidad de la toma de decisiones en tal sistema. También, es altamente improbable que los votantes encuentren un candidato ideal que comparta las mismas posturas en cada una de las materias, haciendo que la confianza sea cuestionable desde el primer momento. Además, debido a que la mayoría de los asuntos futuros son impredecibles al momento de la elección, probar previamente la idoneidad de las habilidades u opiniones personales de los candidatos es poco práctico.

Las mentiras son una manera de vivir en la política y, más aún, en la democracia representativa. Muchas promesas no se cumplen después de la elección. En algunos casos, esto es debido a las visiones excesivamente optimistas e irreales, mientras que en otros casos es simplemente el resultado de la deshonestidad rutinaria. Debido a la ineficiencia de los mecanismos de retroalimentación, los votantes no pueden hacer mucho. La frustración y un sentido de impotencia pueden erosionar la confianza y el entusiasmo hacia políticos demócratas para muchos ciudadanos. Consecuentemente, ellos pueden adoptar una actitud cínica y observadora. Así, el círculo vicioso se forma: los grupos de intereses especiales manipulan la política y causan las actitudes comprometedoras y negativas de las personas, y esto, a su vez, hace la manipulación más fácil y conveniente. Con el tiempo, la atmósfera de la sociedad se vuelve poco confiable, pasiva, sumisa, cínica y autodestructiva. Cuando la actitud positiva y el espíritu de participación de la población son suprimidos y se deterioran, el orden social solo puede mantenerse con la fuerza, lo que eventualmente lleva al fenómeno de un "Estado policial democrático".

Por un lado, la delegación juega un papel vital en la toma de decisiones. Por otro lado, los defectos fatales son claramente evidenciados en la delegación de la democracia representativa. Así que, la micro democracia tiene que reconstruir nuevos mecanismos de delegación, proporcionando eficiencia y una toma de decisiones de alta calidad, al mismo tiempo que evita todos los defectos evidentes en el sistema representativo. Este nuevo mecanismo es llamado *Delegación Dinámica*. Así es como funciona:

Los ciudadanos pueden escoger libremente entre los siguientes tres modelos para votar en cualquier propuesta:

El primer método es Delegación Predeterminada, donde las delegaciones son determinadas por las reglas predefinidas por los ciudadanos. Estas reglas son combinaciones de las condiciones de la propuesta y las selecciones de los delegados.

La regla de delegación más simple es la delegación incondicional. Por ejemplo, un ciudadano puede dar todos sus pesos electorales a un líder político por la profunda admiración de dicho individuo. O, un ciudadano puede elegir delegar todo su poder de toma de decisiones a su mejor amigo con quien comparte los mismos intereses y opiniones.

Reglas de delegación más complicadas pueden introducir algunas condiciones, como categorías de las materias de los asuntos o las regiones geográficas. Por ejemplo, por reglas de restricciones de dimensión de contenido, un ciudadano puede delegar decisiones en asuntos económicos a un economista con una regla, y en asuntos educativos a un reconocido profesor. De la misma manera, para la dimensión geográfica, el ciudadano puede delegar el poder de toma de decisiones en asuntos comunitarios a una persona mayor en su vecindario con una regla, y con otra regla, delegar a un experto en administración de la región las propuestas relacionadas a áreas más amplias.

Las reglas de delegación más complejas combinan muchas condiciones, comúnmente mezclando condiciones de categoría y geografía. Dichas combinaciones de condiciones proporcionan restricciones donde se aplica la regla, lo que se denomina *Alcance de Decisión*. Por ejemplo, con una regla, un ciudadano puede delegar los poderes de toma de decisiones de los asuntos de seguridad de la comunidad a un oficial de policía del pueblo, quien está al tanto de las situaciones locales, y con otra regla, delega a un juez veterano del área para decidir sobre asuntos legales regionales.

Para un individuo, cuantas más reglas de delegación predeterminadas sean definidas, es más probable que se superpongan los alcances de decisión de las reglas. Cuando la superposición ocurre, ciertos principios prioritarios deben determinar cuál regla aplicar para un asunto específico. Normalmente, existe una clasificación de prioridades natural para las reglas. Generalmente, las reglas con alcances más estrictos y específicos son más relevantes que las más generalizadas. Por ejemplo, si un ciudadano define una regla de delegación incondicional y otra regla específicamente para temas económicos, entonces la última es la más apropiada para aplicar en las propuestas económicas. Si el ciudadano define una tercera regla de delegación apuntando a esos asuntos económicos para una región en particular, entonces esta tercera regla es, sin duda, las más apropiada para aplicar en las propuestas económicas de esa región.

Algunas veces, la clasificación de prioridad entre las reglas no es evidente. Para evitar incertidumbre y malos entendidos, un individuo puede organizar, explícitamente, la clasificación de prioridad para las reglas que esta persona haya definido en el sistema. Por ejemplo, para una propuesta intersectorial que incorpore tanto factores económicos como legales, una clasificación de prioridad preestablecida puede ayudar a resolver esta ambigüedad.

El segundo método es *Delegación Temporal*, que es bien sencillo: para una propuesta específica, un individuo puede explícitamente asignar a un delegado. La diferencia entre la delegación predeterminada y la delegación temporal es que la primera es basada en reglas y puede, potencialmente, ser aplicada a diferentes propuestas a través del tiempo, mientras que la última es únicamente aplicada en una propuesta específica y una sola vez. Debido a esta particularidad, las delegaciones temporales tienen una prioridad más alta que las delegaciones predeterminadas. Por ejemplo, un ciudadano que delega su poder electoral para propuestas agrícolas a un reconocido agrónomo a través de una regla de delegación predeterminada. Pero, para una propuesta particular de política de siembra, él puede confiar más en la opinión de un amigo agricultor. Por consiguiente, el ciudadano delega su poder electoral para esta propuesta a su amigo agricultor usando una delegación temporal. En ese caso, su delegación sigue asignada al agrónomo para todos los demás asuntos agrícolas según la regla de delegación predeterminada.

El tercer método es el *Voto Directo*; es decir, el ciudadano puede votar directamente, él mismo. Es la realización más simple y leal del poder democrático y es fundamental para la micro democracia. Tiene el puesto más alto de prioridad en la clasificación entre todos los métodos.

Bajo el sistema de la micro democracia, los ciudadanos pueden configurar sus ajustes de delegaciones en cualquier momento, pues ya no están limitados a un calendario electoral. Las propuestas de cualquier tipo son procesadas continuamente por el sistema a lo largo del año, cada una con su propia fecha límite. Si un ciudadano vota antes de esa fecha, entonces su peso electoral para la propuesta es contado directamente en el resultado final. Si el ciudadano no vota antes de la fecha límite, entonces el sistema micro democrático automáticamente determina su delegado para esta propuesta basado en los ajustes actuales de delegación y el peso electoral del ciudadano para dicha propuesta pasa al delegado identificado. El peso electoral final del delegado es la suma de los pesos electorales de esta persona más aquellos transferidos a ella a través de las delegaciones.

Este diseño elimina todos los defectos de la delegación en la democracia representativa:

Primero, el mandato de delegación en la democracia representativa no existe aquí. Para cualquier propuesta, hasta el último momento de la fecha límite para la votación, los ciudadanos siempre pueden escoger libremente entre votar directamente por cuenta propia o delegar el voto a otros. Ellos tienen el control completo para delegar o no, así como el control sobre cómo los delegados son designados. Por consiguiente, los ciudadanos siempre pueden designar a los delegados que representen sus intereses y voluntades, de manera más exacta, en cualquier momento. Esto soluciona el problema en las democracias representativas, donde los ciudadanos son forzados a transferir el poder al elegido, a pesar de sus decisiones en las elecciones. También, previene que los políticos ganen una elección engañando a la gente y luego secuestrando la opinión pública con un periodo fijo. En la micro democracia, cualquier mala conducta del delegado puede resultar en las revocaciones inmediatas de la delegación, y aquellos que pierdan credibilidad perderán completamente sus influencias en el diseño de políticas. Con el tiempo, los ciudadanos encontrarán esas élites reales de honestidad, profesionalismo y sabiduría, y les otorgarán más poder de toma de decisiones a través de la delegación. Este mecanismo de retroalimentación sensitivo y continuo mejorará significativamente la integridad general de la política democrática.

Segundo, la ceguera evidente de las delegaciones en las democracias representativas también se puede evitar aquí. Debido a que los ciudadanos pueden asignar diferentes delegados a las propuestas para diferentes alcances de decisión, naturalmente, la principal preocupación para la delegación es la relatividad entre las calificaciones del delegado y el asunto en sí mismo, en vez de la personalidad e identidad del representante. Esto mejorará significativamente la calidad de las decisiones.

Bajo el sistema micro democrático, los delegados encajan en los siguientes cuatro tipos:

1. *Votante Ordinario*

   La gran mayoría de los ciudadanos. Ellos votan directamente o delegan a otros. Pueden algunas veces recibir delegaciones de otros ciudadanos, pero sus enfoques principales en la vida no son la política.

2. *Líder Político*

Un pequeño grupo de activistas políticos entre los ciudadanos. Sus derechos civiles no son diferentes a los de los votantes ordinarios, pero a diferencia de ellos, sus enfoques principales en la vida sí se orientan a la política. Son más influyentes en la creación de políticas por obtener pesos electorales adicionales de otros ciudadanos a través de las delegaciones. Líder político no es una calificación o profesión, más que nada es un papel en la vida política democrática. Un ciudadano puede actuar como un votante ordinario en ciertas etapas de su vida o en alcances de decisión específicos, mientras que, en otras etapas de vida o alcances de decisión, puede participar activamente en actividades de diseño de políticas y así, ser considerado un líder político. Los líderes políticos exitosos, comúnmente, ganan un grado considerable de popularidad social y carisma, reciben muchas delegaciones y pesos electorales correspondientes, y se involucran en la toma de decisiones de asuntos públicos a tiempo completo. Por supuesto, existe una zona gris entre los roles de un típico líder político y un votante ordinario, pero esta distinción no es importante para las siguientes discusiones.

3. *Agencia de policonsulta*

Son organizaciones políticas registradas en el sistema micro democrático. No poseen pesos electorales por sí mismos, pero pueden aceptar delegaciones de ciudadanos y votar en nombre de ellos. Las agencias de policonsulta deben declarar y registrar los alcances de decisión que atienden, lo que es conocido como sus *Esferas de Policonsulta*.

4. *Partido Político*

Una categoría especial de la agencia de policonsulta. Están obligados a votar en todas las propuestas dentro de sus esferas de policonsulta, independientemente de que existan delegaciones. Como un tipo de partido político único, cuando un partido político establece sus esferas de policonsulta cubriendo todas las posibles esferas dentro de una región administrativa particular, es llamado *Partido Político Regional Primario*. Si dicho partido luego establece su región de servicio como ilimitado o global, entonces se llama *Partido Político Global Primario* o, para abreviar, *Partido Primario*.

Los líderes políticos, las agencias de policonsulta y los partidos políticos siguen existiendo bajo el sistema micro democrático. El diseño de políticas es un proyecto complejo que requiere una investigación bien organizada y un arduo trabajo de profesionales dedicados. Las instituciones, como las agencias de policonsulta y los partidos políticos, no solo son capaces de organizar y coordinar dichas tareas profesionales, sino también son capaces de actuar con voceros de los ciudadanos. A pesar de que la delegación para las agencias de policonsulta o los partidos políticos no es obligatoria bajo el sistema micro democrático, votar en todas las propuestas es una enorme carga de trabajo para los ciudadanos, y encontrar a los delegados ideales para cada alcance de decisión tampoco es fácil. Considerando esto, para los ciudadanos ordinarios, el delegar los poderes electorales a ciertas agencias de policonsulta y partidos políticos confiables se vuelve una decisión bastante razonable.

Vale la pena enfatizar que, bajo el sistema micro democrático, la delegación hacia las agencias de policonsulta y los partidos políticos es fundamentalmente diferente de las delegaciones bajo otros sistemas políticos.

Bajo la democracia representativa, y en la mayoría de los sistemas políticos, la distribución del poder entre los partidos políticos es exclusiva. Para un ciudadano, la elección del partido político también está restringida a ser uno y solamente uno. Esta fuerte exclusividad lleva, inevitablemente, a intensas confrontaciones que causan divisiones artificiales entre las personas, donde la tensión constante y los conflictos se vuelen norma en la sociedad. En ese ambiente de hostilidad, ansiosamente buscando sus identidades para obtener un sentido de pertenencia y seguridad, las personas están más apegadas a los partidos políticos. Esta situación lleva al domino absoluto de los partidos políticos en sus relaciones con los ciudadanos, haciendo que dicha relación sea basada en la obediencia en vez de ser orientada al servicio. Esta retorcida relación es como un gen antidemocrático dentro de los partidos políticos, destinado a presentarlos como colectivistas de comportamientos y apariencias. Sin una precaución adicional y corrección deliberada, lentamente corroerán la base de la sociedad abierta, lo que terminará en autoritarismo. En gran medida, el diseño para la operación del sistema democrático con partidos políticos inter exclusivos, por sí mismo, es la más grande amenaza oculta para una sociedad democrática.

Bajo el sistema micro democrático, los ciudadanos tienen el control completo sobre la delegación. Ellos pueden delegar los poderes electorales cuándo quieran, cómo quieran, y con cualquiera de las condiciones que ellos definan, y a quién sea que ellos confíen. La relación entre los partidos políticos y los ciudadanos no es exclusiva y, por lo tanto, los ciudadanos se encuentran en una posición de empoderamiento. La naturaleza descentralizada y dinámica de las reglas de delegación de la micro democracia hace que la acumulación y solidificación del poder no tenga sentido. Por consiguiente, para los partidos políticos, la meta ya no es abarcar más poder exclusivo, sino alcanzar resoluciones que sean más consistentes con la visión y los valores del partido. Solo apegándose a su ideología fielmente y sirviendo verdaderamente a sus grupos de ciudadanos objetivo, puede un partido político mantener una influencia política estable y duradera. Para poder cumplir esta meta, las colaboraciones entre los partidos políticos son, muchas veces, una decisión más inteligente comparado con la confrontación. Consecuentemente, la tensión entre los partidos políticos también se resuelve, y de esta manera se permite una actitud constructiva y cooperativa para que la atmosfera social prospere. Las agencias de policonsulta y los partidos políticos también juegan un papel clave en los procedimientos de toma de decisiones de la micro democracia, los cuales serán introducidos en el capítulo *Procedimientos*.

Cuando todos pueden delegar libremente, la *Transmisión de Delegación* es inevitable. Por ejemplo, el Ciudadano A delega su poder electoral para una propuesta al Ciudadano B, y el Ciudadano B transfiere sus poderes electorales al Ciudadano C. Por tanto, se forma una transmisión de delegación. En este caso, el peso electoral del Ciudadano A se corre al Ciudadano C a través del Ciudadano B; como resultado, el Ciudadano C posee los pesos electorales finales de los tres ciudadanos. El Ciudadano C después puede decidir votar por sí mismo o puede continuar transmitiendo estos pesos electorales a otros. Este mecanismo de transmisión proporciona a los ciudadanos ordinarios decisiones flexibles y ayuda a pasar más poder electoral a mejores tomadores de decisiones. Sin embargo, también presenta la complejidad de procesamiento.

Un posible escenario es el *Círculo de Delegación*. En el ejemplo anterior, si el Ciudadano C después delega su poder electoral de regreso al Ciudadano A, se forma un círculo de delegación. En dichos casos, todas las personas dentro del círculo pueden asumir, erróneamente, que alguien más votará directamente por ellos y, al final, nadie actúa, lo que resulta en la invalidez de los pesos electorales. Verdaderamente, esto es intencional cuando ellos definen las reglas del delegado. Por consiguiente, el sistema micro democrático debe ser capaz de detectar estas situaciones y hacer ajustes automáticamente. Por ejemplo, el sistema micro democrático debe de notificar al ciudadano cuando ocurre este círculo. Hasta que el ciudadano lo corrija, el sistema puede omitir, temporalmente, las reglas de delegación implicadas en el círculo y aplicar la siguiente regla de delegación en la clasificación de prioridad.

Otro escenario es Invalidar la Delegación. En el ejemplo anterior, si debido a una enfermedad grave, muerte u otras razones el Ciudadano C no puede votar, las reglas de delegación del Ciudadano B asociadas con el Ciudadano C se vuelven inválidas. El sistema micro democrático debe notificar a los ciudadanos afectados una vez que detecte tal situación, omitir temporalmente las reglas relacionadas y aplicar la siguiente regla correspondiente en las clasificaciones de prioridad hasta que la situación se resuelva, o hasta que el ciudadano haga las correcciones necesarias. Cuando las reglas de delegación se vuelven inválidas permanentemente, el sistema micro democrático debe notificar a los ciudadanos afectados y revocarlas automáticamente.

El último escenario es el *Vacío de la Delegación*. En el ejemplo anterior, si después de omitir todas las reglas inválidas no queda ninguna que sea aplicable entre las reglas de delegación predeterminadas del Ciudadano B, los pesos electorales de los Ciudadanos A y B pueden ser descartadas, sin querer, a menos que el Ciudadano B vote antes de la fecha límite. Aunque la solución más simple es tratarlo como una abstención, la alta prevalencia de esta situación puede causar que el sistema de toma de decisiones se paralice completamente; por consiguiente, es mejor elaborar una estrategia de protección confiable. La solución preferida es pedirle a cada ciudadano fijar una *Regla de Delegación Protectora* con la prioridad más baja, que delegue el poder electoral a un partido primario. Debido a que los partidos primarios están obligados a votar en todas las propuestas a lo largo de todos los alcances de decisión, el vacío de delegación puede ser evitado. Para situaciones más extremas, como la disolución de un partido primario, se pueden introducir medidas adicionales. Por ejemplo, basado en las estadísticas de la información sobre delegación en toda la sociedad, el sistema micro democrático puede mantener una clasificación dinámica para todos los partidos globales primarios y puede fijar las reglas predeterminadas de delegación protectora para todos los ciudadanos basado en esta clasificación. Por tanto, mientras todavía funcione un último partido político global primario, el vacío de delegación puede ser evitado.

Además de las redes de ciudadanos, las transmisiones de delegación también se pueden ampliar hacia las agencias de policonsulta y los partidos políticos. Generalmente, tales transmisiones de delegación ayudan a mejorar la calidad de la toma de decisiones. Las agencias de policonsulta no solo expresan sus propias opiniones, sino también consolidan visiones de otras fuentes bajo ciertos principios y estrategias. Al hacer esto, representan una posición política más comprensiva y completa en la toma de decisiones, lo que atrae más delegaciones de los ciudadanos. Sin embargo, tiene sentido aplicar algunas limitaciones para prevenir que las relaciones de delegación se vuelvan muy complicadas e incontrolables. Por consiguiente, cualquier *Reverso de Delegación*, como las delegaciones de las agencias de policonsulta a los ciudadanos, de los partidos políticos a los ciudadanos, o de los partidos políticos a las agencias de policonsulta, debe ser evitado completamente, pues causará demasiada complejidad y confusión, y hasta puede llevar a autocracias ocultas.

Debido a que los partidos políticos deben votar independientemente todas las propuestas de sus esferas de policonsulta registradas, ellos no necesitan delegar. El sistema necesita que los partidos políticos funcionen como comités de expertos estables y capaces en el diseño de políticas y, al mismo tiempo, necesita eliminar los votos de abstención intencionales, ej. el vacío de delegación. Los partidos políticos deben votar antes de la fecha límite de las propuestas, sin importar si ellos han recibido alguna delegación confirmada. Debido a que los ciudadanos también pueden cambiar sus reglas de delegación hasta el último momento, teóricamente, todavía es posible que los partidos políticos reciban delegaciones electorales, haciendo efectivo sus votos. Aún sin ninguna delegación, sin embargo, los récords electorales de los partidos políticos también pueden ayudar a los ciudadanos a entender sus posturas políticas, nivel de experiencia y estilos de toma de decisiones.

Bajo la democracia representativa, los representantes y los oficiales gubernamentales monopolizan la toma de decisiones legislativa y administrativa. Todos ellos están en las planillas gubernamentales y colaboran dentro del mismo círculo interno inamovible. Naturalmente, ellos forman una clase de establecimiento para proteger sus intereses mutuos. Cuando alcanzan una posición más fuerte, esta clase tiende a usar su autoridad para obtener ganancias personales; y, cuando son débiles, son fácilmente influenciados y controlados por otros grupos de intereses especiales. Debido a que la operación de esta clase suele ser rígida y cerrada, gradualmente, pierde la conexión con las personas que supuestamente debía representar. La separación de poderes es el principal mecanismo para el sistema de controles y equilibrio en muchas democracias modernas. Sin embargo, si este mecanismo siempre opera dentro de un círculo cerrado entre los mismos políticos parasitarios, rotando sus títulos e intercambiando sus poderes, este instrumento resultará en nada más que políticos ideando trucos con los cuales cegar al pueblo.

Como polos magnéticos, mientras más concentrados están los poderes e intereses, con más ganas se atraerán entre ellos. Debido a que incrementar y expandir el poder son las metas inherentes de los partidos políticos, sus éxitos siempre atraerán al pudiente para formar alianzas o intercambiar beneficios. Los partidos más débiles serás sus marionetas y aquellos partidos más fuertes, simplemente, construirán ellos mismos un complejo político empresarial. Esta tendencia, inevitablemente, aumentará la brecha entre los partidos políticos y las masas, especialmente para partidos que gobiernan largos periodos. Al final, la relación entre ambos se degradará cualitativamente, y solo se podrá mantener unida con mentiras y fuerza. Mientras más tiempo gobierne un partido, más retorcidase vuelve esta relación y la cultura del partido gobernante solo se vuelve más corrupta e hipócrita.

Sabiendo que la excesiva concentración de poder, la estabilidad y el cierre de la clase gobernante son los orígenes de los problemas, la micro democracia abandona completamente la estructura de poder de los sistemas antiguos. En su lugar, el nuevo mecanismo de delegación distribuye el poder político por todas las dimensiones a través del infinito flujo, para que en ningún lado se acumule el poder y se origine la corrupción.

Se necesita un nuevo mecanismo de recompensa para apoyar este nuevo sistema político, para que los participantes en la toma de decisiones de asuntos públicos reciban la ayuda financiera necesaria para contribuir constantemente, y que todo el sistema pueda operar de manera sana y continua. En una sociedad micro democrática, investigar, discutir y votar propuestas de asuntos públicos son considerados un tipo especial de servicio público. Para los ciudadanos, involucrarse en este tipo de trabajo es una obligación civil esencial a cambio de bienestar y seguridad social. El sistema micro democrático no ordena a los ciudadanos cumplir con este trabajo por sí solos. Si los ciudadanos no tienen la voluntad o no pueden votar por sí mismos, pueden dejar que otros lo hagan a través de la delegación. Sin embargo, si votar para obtener ganancia propia es una obligación cívica, votar por otros es entonces un servicio público adicional y debe ser recompensado.

Por cada voto, el delegado que eventualmente vota se gana la recompensa basada en el número de delegaciones recibidas. Por ejemplo, para una propuesta, el Ciudadano A delega su peso electoral al Ciudadano B, quien después delega al Ciudadano C. Si el Ciudadano C ejerce el voto directo, los pesos electorales finales que esta persona pone en la propuesta es el total de los pesos electorales de los tres ciudadanos. También, esta persona puede recibir recompensas por haber ayudado a votar a los Ciudadanos A y B. Examinemos más este ejemplo con la participación del partido político: si el Ciudadano C delega al Partido X en vez de votar directamente, y el Ciudadano D también delega los pesos electorales al Partido X, eventualmente el Partido X posee el total de los pesos electorales de los cuatro ciudadanos (Ciudadano A, B, C y D) y debe ser recompensado después de ejercer el voto directo.

Para evitar que las finanzas impacten en la elección de los métodos electorales de los ciudadanos, esta recompensa es pagada por el gobierno como parte del costo operacional de la micro democracia, en vez de cargarla a los ciudadanos como un costo personal. El sistema debe inventar un modelo inteligente de precios, lo suficientemente bajo para no volver esto una pesada carga financiera para el gobierno, y lo suficientemente alto para mantener el trabajo político de tiempo completo de aquellos que reciban delegaciones de otros votantes. Para los grandes partidos en los que las personas confían y apoyan, las recompensas por cumplir un gran número de delegaciones serán sus principales fuentes de ingresos para cubrir los costos de la contratación de profesionales. Por tanto, se formará un mecanismo de retroalimentación directo y saludable entre los ciudadanos y los delegados, asegurando que aquellos delegados influyentes tengan suficientes recursos para sus actividades políticas y que sean estrictamente leales a sus ciudadanos que los delegaron. Este mecanismo también ayudará a evitar la corrupción. Si surge alguna conducta problemática por parte del delegado, él puede perder muchas delegaciones en una noche, lo que causaría la desaparición inmediata de su fuente legal de ingresos y su influencia política, por consiguiente, perderá su importancia en el ojo de los grupos de intereses especiales. Por lo tanto, los líderes políticos, las agencias de policonsulta y los partidos políticos deben ser más disciplinados y sensitivos, y deben manejar los conflictos de interés de manera inteligente.

Como ejemplo, el modelo de precios en *Vianland* para recompensar las delegaciones es el siguiente: si el delegado ejerce el voto directamente en una sola propuesta, la cantidad de recompensa es de 0.1% del salario promedio diario social, multiplicado por el número de ciudadanos a los que esta persona sirva directamente, o indirectamente, con este voto. Así que, si existen 1000 personas delegando sus pesos electorales a un líder político directamente, o indirectamente, a través la transmisión de delegación, entonces un voto directo por día puede, aproximadamente, mantener su trabajo social a tiempo completo. Si existen muchas propuestas para votar cada día, esta persona disfrutará una vida considerablemente cómoda. Si un partido político recibe delegaciones de un millón de personas directamente, o indirectamente, el ingreso por votar diario será suficiente para mantener a un grupo profesional de cientos de empleados y cubrir los gastos. Si existen muchas propuestas para votar por día, el ingreso será más que suficiente para mantener a miles de empleados. Como se comentará en el capítulo subsecuente llamado *Procedimientos*, los iniciadores de la mayoría de las propuestas serán los líderes políticos, las agencias de policonsulta y los partidos políticos. Para prevenir que ellos manden propuestas innecesarias para obtener ganancias y controlar los costos operacionales del gobierno, *Vianland* también dicta que solo se pagarán los 9 votos mejor pagados del día de un delegado. Considerando que el principal propósito de esta compensación es mantener a los profesionales políticos de tiempo completo, el voto no es recompensado si el número de delegaciones recibidas para una propuesta es menor a 100. Basado en las reglas anteriores, el costo de compensación de las operaciones de toma de decisiones de *Vianland* es menor que el 2% del total del ingreso personal nacional bajo condiciones extremas, y la cifra real probablemente sea inferior al 1%. Para ayudar a los servicios políticos a nivel nacional que producen decisiones de buena calidad, un modesto 1% de aumento en la tasa del impuesto sobre la renta personal lo convierte en una excelente oferta.

La micro democracia le paga a los líderes políticos y agencias de policonsulta por sus servicios sociales para que ellos puedan operar de forma independiente. Sin embargo, eso no prohíbe que puedan recibir fondos de otros patrocinadores, siempre y cuando publiquen la información. Ciertamente, otras fuentes de ayuda financiera, como las donaciones personales, o incluso inversiones de los grupos de intereses especiales, eventualmente integran más recursos sociales en el diseño de políticas y ayuda a mejorar la calidad de toma de decisiones. La ayuda financiera externa traerá, sin duda, opiniones tendenciosas o hasta sesgadas, pero la política democrática es, por diseño, un proceso donde diferentes puntos de vistas se intercambian, se confrontan y logran acuerdos. Este tipo de influencia es inevitable; ocurrirá secretamente, si no es pública. Debido a que el sistema micro democrático ha eliminado la coercividad y la falta de transparencia evidente en las democracias representativas, existen razones para pensar que esta influencia financiera tiene más efectos positivos que negativos en los resultados de la toma de decisiones.

Los ciudadanos tienen el control sobre la privacidad de sus posiciones políticas y actividades electorales. Ellos pueden publicar sus récords electorales y reglas de delegación o decidir mantenerlas privadas. Mientras los líderes políticos pueden decidir divulgar, inteligentemente, más información para ayudarlos a atraer más delegaciones, los récords electorales se revelarán automáticamente para las agencias de policonsulta y los partidos políticos en un sistema micro democrático, como prevención para que no engañen al pueblo.

Para resumir los principios básicos de la delegación electoral en la micro democracia:

1. Los ciudadanos pueden escoger votar directamente, de manera independiente, o delegar; los delegados pueden ser otros ciudadanos, agencias de policonsulta o partidos políticos.
2. La decisión de los ciudadanos para ejercer el voto directo independiente o la delegación electoral debe finalizar en la fecha límite de cada propuesta siguiendo la clasificación de prioridades: primero el voto directo independiente, segundo la delegación temporal, y al final, las reglas de delegación predeterminadas. En el caso de que fracase la delegación, el

sistema micro democrático debe, automáticamente, detectar y omitir las reglas inválidas, luego aplicar una regla válida y más viable de acuerdo a la clasificación de prioridad de las reglas de delegación predeterminadas.

3. Para la delegación, el peso electoral es transferido del ciudadano que delega al delegado. El delegado puede, luego, delegar y pasar los pesos electorales a delegados posteriores.

4. Las agencias de policonsulta y los partidos políticos no tienen sus propios pesos electorales, pero pueden recibir pesos electorales de sus clientes de delegación; deben declarar sus esferas de policonsulta igual que el alcance de decisión de la delegación entrante.

5. Los ciudadanos pueden decidir si desean divulgar sus récords electorales y reglas de delegación. Las agencias de policonsulta y los partidos políticos deben divulgar sus récords electorales y reglas de delegación.

6. Los partidos políticos deben votar en todas las propuestas dentro de sus esferas de policonsulta; el sistema micro democrático usa a los partidos políticos para proporcionar reglas de delegación predeterminadas para que los ciudadanos eviten un vacío de delegación.

7. Las agencias de policonsulta pueden decidir declinar propuestas dentro de sus esferas de policonsulta o delegar a partidos políticos.

8. El gobierno proporciona recompensas financieras para los delegados que ejerzan el voto directo de manera independiente.

Capítulo 3 **Procedimiento**

La toma de decisiones democrática es mucho más que el simple hecho de ejercer votos, es un conjunto de procedimientos operacionales bien definidos con un ciclo de vida único. Para algunos alcances de decisión más pequeños, como los asuntos internos de las comunidades y organizaciones sociales, los procedimientos simples de toma de decisiones serían los más correctos. Pero con la creciente escala de alcances de decisión y con las decisiones siendo cada vez más críticas, los requerimientos de los procedimientos se vuelven más rigurosos, tanto para las políticas nacionales como para la administración gubernamental. Los procedimientos de toma de decisiones de la micro democracia y los sistemas representativos son completamente diferentes en todos los puntos, como será comentado en este capítulo.

El procedimiento de toma de decisiones de la micro democracia está construido alrededor de los objetos de la toma de decisiones, ej. las decisiones. En los análisis anteriores, generalmente llamábamos a esos objetos asuntos, problemas o propuestas, de acuerdo con el contexto. Pero desde la perspectiva de sus ciclos de vida, pueden dividirse en las siguientes tres formas:

1. *Propuesta*
   El plan o sugerencia formalmente presentada por el creador.

2. *Moción*
   Después de ser revisada, analizada y complementada, se redacta un texto final listo para votación, cumpliendo con las especificaciones; una propuesta se transforma en una moción.

3. *Resolución*

La conclusión final obtenida del resultado de la votación de una moción, según las reglas de los procedimientos de toma de decisiones.

La transición a través de los puntos descritos se realiza mediante acciones requeridas por el procedimiento democrático; dichas acciones encajan en las siguientes etapas:

1. *Iniciación*
2. *Validación*
3. *Votación*
4. *Ejecución*

Algunos términos fueron adoptados de conceptos similares encontrados en el sistema representativo. Sin embargo, sus significados y reglas de aplicación no son necesariamente iguales bajo los dos diferentes sistemas. Además, en las políticas más representativas, la toma de decisiones democrática es grandemente limitada al área legislativa. Las decisiones de orden público y administrativas son tomadas por el sistema burocrático, mayormente, a través de órdenes ejecutivas, en vez de democráticamente, a pesar de que muchas son decisiones legislativas por naturaleza. Bajo el sistema micro democrático, las decisiones en todas las categorías descritas son producto de procedimientos democráticos. El gobierno solamente toma decisiones ejecutivas microscópicas rutinarias.

Las descripciones para cada etapa son las siguientes:

Iniciación:

Bajo las democracias representativas, solo los representantes o los oficiales gubernamentales pueden iniciar las mociones. Teóricamente, deben actuar como canales formales para transmitir las voces de los ciudadanos ordinarios e influir en las políticas en conformidad. Sin embargo, no existe un nivelador sistemático para asegurarse que ellos responderán a los deseos de las personas o para limitar cómo escogen, de manera inteligente, entre tantas opiniones y encuentran un balance entre las personas y los grupos de intereses especiales. Arbitrariedad, incertidumbre y las operaciones de caja negra son comunes. A medida que los canales formales siguen decepcionando a las personas, una y otra vez, enfurecidas, utilizan medios no convencionales con información errónea. Los movimientos de masas enfurecidos son como incendios incontrolables. Sus poderes destructivos, muchas veces, exceden las expectativas de las personas, lo que ocasiona levantamientos sociales, caos y sufrimiento.

Evidentemente, las barreras procedimentales impuestas por los representantes y las agencias gubernamentales deben ser derribadas para que los ciudadanos ordinarios puedan iniciar la toma de decisiones desde el primer paso. Sin embargo, esto no significa que cualquier persona debería, precipitadamente, poder lanzar cualquier propuesta al océano de un debate donde participen todos los ciudadanos cuando quiera. Los filtros y ajustes son todavía necesarios, ya que esto evita que muchos movimientos repetitivos o de baja calidad desperdicien la energía y los recursos sociales de los ciudadanos. También, aseguran el cumplimiento de los formatos para que los ciudadanos puedanentender correctamente y responder efectivamente a la moción.

Por las razones antes mencionadas, la micro democracia introduce un prerrequisito importante para presentar nuevas propuestas, es decir, requerir ciertos avales públicos para respaldarla, asegurándose que la propuesta exprese los deseos de una parte significativa del público en general o fuertes opiniones profesionales. Sin embargo, es irrealista pensar que los creadores de la propuesta van a recolectar estos avales directamente de un gran número de ciudadanos, pues tal requerimiento los obligaría a gastar la mayoría de sus fuerzas buscando avales en vez de mejorar la calidad de la propuesta. También, ahogarían a los ciudadanos con peticiones de avales, a un grado más allá del que cualquier persona puede tolerar o manejar. Como resultado de la fatiga, las personas probablemente las ignorarían completamente, incluso aquellas importantes y de alta calidad, paralizando el sistema de toma de decisiones.

La micro democracia ofrece una solución práctica para este problema: inferir la *Intención de Aval* de las reglas de delegación predeterminadas de los ciudadanos. Cuando un ciudadano define las reglas de delegación en un alcance de decisión, se presume que esta persona está de acuerdo con las opiniones y juicio del delegado en este alcance de decisión, y está feliz de respaldar al delegado para que inicie propuestas en este alcance. Es más, también es razonable asumir que el ciudadano podría apoyar a otros ciudadanos o agencias de policonsulta en las que su delegado confíe en ese mismo alcance. Entonces, la transmisión de delegación también es aplicable para estimar la intención de aval.

No toda regla de delegación predeterminada llevará a una relación de delegación o voto propiamente dicho. Solo después de la fecha límite el sistema puede saber si el individuo ha ejercido el voto directo independientemente; si esta persona ha designado una delegación temporal; si las reglas de delegación predeterminadas fueron definidas y cómo fueron clasificadas por prioridad; y que fueron determinadas como corresponde, y si el voto del ciudadano aplica a una o más reglas de delegación. Es más, solo en este punto, el sistema micro democrático puede saber si este voto del ciudadano cumple con las delegaciones electorales de las personas y cuánto peso electoral es transferido. Al momento de la iniciación de la propuesta, no existe ninguna manera de predecir estas acciones detonantes y las condiciones futuras, así que, predecir la delegación eventual es imposible. Por lo tanto, solo se puede especular que, aproximadamente, para un alcance de decisión específico, la regla de delegación predeterminada en la parte superior de la clasificación de prioridad probablemente recibirá el aval de los ciudadanos. Con base en este supuesto, el sistema asocia la intención de aval al delegado definido en esta regla.

Debido al mecanismo de transmisión de delegación, el supuesto anterior presenta un problema. Para evitar el vacío de delegación, el sistema micro democrático requiere que todos establezcan reglas de delegación protectoras, designando a un partido primario como el delegado para todas las mociones. Esto causará que todas las intenciones de aval fluyan, eventualmente, a los partidos primarios. Verdaderamente, esto no es el reflejo de la voluntad de los ciudadanos, tampoco el propósito de las reglas de delegación protectoras. Por consiguiente, los ciudadanos y las agencias de policonsulta, cuando juegan el papel de delegados, necesitan decidir si desean adquirir la intención de aval, o derivarla a los delegados subsiguientes.

Para un alcance de decisión determinado, el peso electoral total asociado con las intenciones de aval que recibe un delegado es llamado su *Peso de Respaldo*. La cantidad del peso de respaldo refleja la representatividad masiva del delegado y también indica qué tan influyente es esta persona en las propuestas de los alcances de decisión. El sistema micro democrático calcula y ordena el peso de respaldo por alcances de decisión, donde los ciudadanos o agencias de policonsulta con rangos suficientemente altos reciben el privilegio de iniciar propuestas en el alcance de decisión correspondiente. Se les conoce como *Agentes de Opinión Pública* por ese alcance de decisión.

Tomando *Vianland* como ejemplo, los ciudadanos y las agencias de policonsulta pueden definir el alcance de decisión en el que están dispuestos a servir como agentes de opinión pública. Para alcances de decisión a los cuales decidieron no vincularse, todos sus pesos electorales, incluyendo aquellos recibidos por otros a través de las delegaciones, son pasados a los delegados con ranking de prioridad subsiguientes para calcular sus pesos de respaldo. Para alcances de decisión a los cuales decidieron vincularse, los pesos electorales aplicables no fluirán, sino que se incluirán en los pesos de respaldo. Debido a que a los partidos políticos no se les permite delegar más allá, se considera que ellos siempre van a decir estar vinculados con sus alcances de decisión registrados.

Cada día a la medianoche, el sistema micro democrático de *Vianland* comienza a calcular el peso de respaldo para cada alcance de decisión y publica el ranking del día a la población en 2 horas. Para cada alcance de decisión, a los ciudadanos y las agencias de policonsulta clasificadas en el 5% superior se les concede la condición de agente de opinión pública. Si existen más de 1000 agentes de opinión pública para un alcance de decisión particular, solo los primeros 1000 pueden presentar nuevas propuestas; el resto solo puede participar en la discusión directa. Cuando la proporción de ciudadanos individuales entre los agentes de opinión pública cae por debajo del 20%, se les otorga esta condición a ciudadanos adicionales para incrementar esta proporción al 20%. Los agentes de opinión pública con el privilegio de iniciación obtienen una cuota para presentaciones de nuevas propuestas basada en sus rankings de peso de respaldo.

Validación:

Después de la presentación, las propuestas entran en la etapa de validación, donde recorren unos pasos como el chequeo de cumplimiento, el ajuste de contenido, la alineación de especificaciones y la configuración del programa. Luego, son transferidas a mociones formales. Estas tareas son coordinadas y facilitadas por una institución gubernamental neutral y son realizadas por los agentes de opinión pública. Aunque solo los agentes de opinión pública pueden participar en estas actividades, el proceso es completamente abierto al público para realizar veeduría, para que otros ciudadanos siempre puedan ejercer la retroalimentación inmediata y precisa a lo largo de todo el proceso. Además de expresar opiniones abiertamente y contactar directamente a los agentes de opinión pública, las personas ahora tienen un canal mucho más poderoso: el ranking del peso de aval. Cada vez que los ciudadanos cambian sus reglas de delegación predeterminadas, los pesos de aval se actualizan automáticamente y los rankings cambian. Observando las dinámicas de los rankings, los agentes de opinión pública pueden actualizar las opiniones públicas a diario y ajustar sus acciones como correspondan si ellos quisieran. Cuando la opinión pública es suficientemente fuerte, los ciudadanos pueden incluso quitar, directamente, aquellos agentes de opinión pública en los que ya no confían hundiéndolos en el ranking, para que todo el panorama de poder cambie. Particularmente, durante la etapa de validación de una propuesta, si la persona que originalmente la presentó pierde su condición de agente de opinión pública, la propuesta será, automáticamente, revocada. Bajo el sistema micro democrático, este tipo de interacciones suceden de una manera regular, pacífica y ordenada todo el año.

El chequeo de cumplimiento es para filtrar las propuestas que no cumplan con las reglas de los procesos democráticos. Si el chequeo falla, la propuesta quedará pendiente para que la persona que originalmente la presentó la revise hasta que cumpla con los estándares. Este chequeo de cumplimiento incluye:

1. *Chequeo del alcance de decisión*

La condición de los agentes de opinión pública y el privilegio de presentar propuestas viene del ranking del peso de aval, el cual está ligado con alcances de decisión específicos. Cuando el alcance de decisión de la propuesta no coincide con el alcance declarado o autorizado por la persona que originalmente la presentó, su contenido o área aplicable debe corregirse como corresponda, de lo contrario, la presentación será rechazada. Es importante señalar que los agentes de opinión pública de un alcance de decisión particular solo tienen los derechos ligados, precisamente, a este alcance; ellos no obtienen tal condición automáticamente en el nivel inferior de alcance. Si existe una necesidad de abordar un asunto especifico en cierto alcance de decisión inferior, entonces el ciudadano también debe calificar como un agente de opinión pública para ese alcance de decisión cumpliendo con los requerimientos del ranking del peso de aval.

2. *Chequeo de jurisdicción*

Una decisión que no se puede implementar solamente desperdicia los recursos sociales. Por consiguiente, la propuesta debe ajustarse a la norma de la jurisdicción, en la que las opciones que propone solo pueden apuntar al gobierno o los ciudadanos de la entidad de micro democracia, en vez de algo más allá del control gubernamental. Las opciones también deben tener un periodo de tiempo razonable; pretender gobernar a las personas que viven en el futuro remoto es claramente absurdo. En la práctica, el error más probable es exceder la autoridad de jurisdicción permitida por el alcance de decisión declarado por la propuesta. Por ejemplo, si una propuesta declara que el alcance de decisión está dentro de un pueblo en particular, entonces su contenido solo puede abordar asuntos locales del pueblo, y nada más allá de ese límite. También, dicha propuesta puede necesitar que las personas se comporten de cierta manera en este pueblo; sin embargo, esto puede interferir con las leyes nacionales, como promover acciones abusando de los derechos humanos institucionales dentro del área, las cuales son, sin duda alguna, inválidas. Comentarios más profundos sobre esta materia se presentarán en el capítulo *Leyes*.

3. *Chequeo de duplicados*

Para ahorrar recursos sociales mientras se evitan esfuerzos repetitivos, las propuestas duplicadas deben ser filtradas y rechazadas, o se pueden fusionar con otras idénticas y más recientes, a menos que las condiciones relevantes hayan cambiado dramáticamente, o un mayor consenso haya sido alcanzado entre los agentes de opinión pública.

4. *Chequeo de integridad*

Los requerimientos de los elementos esenciales informativos varían por tipos de propuestas. Por ejemplo, los proyectos industriales, además de los objetivos y el contenido, también deben incluir ciertos materiales complementarios como el plan de implementación, el presupuesto y las evaluaciones del impacto ambiental. Para las propuestas regulatorias, información como el análisis del impacto en regulaciones existentes, procedimientos operacionales de la fuerza del orden y los planes de transición, son necesarios. Para propuestas que buscan anular resoluciones efectivas existentes, documentos como el análisis del conflicto y la terminación de protocolos para las actuales resoluciones, deben ser preparados. Los profesionales que realizan el chequeo de complimiento guiarán y asistirán a las personas que originalmente presentaron la propuesta para cumplir estos requerimientos y organizar los documentos necesarios para las discusiones siguientes.

Una moción correctamente preparada será de buena calidad y tendrá mejores oportunidades de pasar. Las propuestas presentadas con un solo iniciador suelen ser autolimitadas y de poca comprensión. Sus contenidos y opciones de ajustes también tienden al sesgo y la confusión. Asimismo, la competencia sana entre diferentes puntos de vista ayuda a mejorar la propuesta, para alcanza un resultado donde todos ganen.

El número de opciones para las propuestas pueden ser dos ("Sí" y "No") o varios (muchas alternativas más un "Ninguna de las anteriores"). Cada opción debe tener asignado un agente de opinión pública como su *Vocero Jefe*, cuya misión es obtener mejores términos y apoyo del pueblo para esta opción. Con excepción de las dos opciones especiales ("No" y "Ninguna de las anteriores"), cualquier opción sin un vocero jefe debe ser eliminada. Suscribirse como un vocero jefe para cada opción es voluntario y los agentes de opinión pública con rango más alto tienen la prioridad para esta posición. La persona que originalmente presentó la propuesta también tiene derecho a ser el vocero jefe para una opción de su elección.

La agencia gubernamental organiza la comunicación, negociación y las actividades de debate para cada propuesta en esta etapa. El vocero jefe debe asistir a estas actividades y otros agentes de opinión pública, dentro del alcance de decisión correspondiente, pueden participar voluntariamente. Esta es una etapa importante para que las opiniones sean elaboradas minuciosamente mientras varios partidos, respaldando diferentes opciones, compitenpara obtener mejores términos. La persona que originalmente presentó la propuesta será quien tendrá el poder para enmendar el contenido. Todas estas actividades deben ser abiertas al público para desencadenar los mecanismos de retroalimentación.

Para prevenir que los agentes de opinión pública con mayor rango conspiren y se apropien de la revisión de la propuesta, los voceros jefes están limitados a las opciones que cada uno representa, a menos que, pasivamente, pierdan sus condiciones. En las elecciones, los voceros jefes deben votar por las opciones que representan. El sistema micro democrático debe ser configurado para hacer cumplir esta regla automáticamente.

La alineación de especificaciones y la configuración del programa son los pasos finales de la etapa de validación. La agencia gubernamental asistirá a la persona que originalmente presentó la propuesta con el formato y la redacción, para alinearla con las especificaciones estándar de la moción formal, asegurándose que el texto sea claro, que cumpla con los estándares, convenciones y con los hábitos de lectura generales de la población, que los documentos suplementarios se adjunten correctamente y que exprese los impactos de cada opción de manera comprensiva. La revisión en esta etapa se limita a los ajustes de redacción, sin afectar el significado real del contenido y las opciones. Después de que todos los voceros jefes hayan revisado y firmado, el sistema micro democrático publicará la nueva moción y la tendrá lista para la votación.

Después de completar todos los pasos, la propuesta se transforma en una moción formal y entra en la etapa de votación.

Votación:

La etapa de votación comienza con la publicación de la moción y termina con el anuncio de los resultados de la votación. En esta etapa, los ciudadanos son libres de elegir la manera en la que desean votar, ya sea ejerciendo el voto directo o delegando. La mayoría de los casos será una situación entre ambos: delegar los votos para la mayoría de las mociones y votar directamente aquellas con impactos significativos para sus intereses personales.

Los principios y reglas para votar han sido explicados, de manera general, en los capítulos anteriores, así que no hay necesidad de repetirlas aquí. Sin embargo, además de las que ya han sido presentadas, existen algunas reglas operacionales y procedimentales adicionales en la etapa de votación. La más importante es el *Método de Votación de Dos Pasos*. Debido a que es más relevante para la discusión de la etapa de ejecución, será detallado en la sección *Ejecución*.

Después de que se conocen los resultados, el sistema micro democrático elabora un comunicado para anunciar y confirmar, oficialmente, la resolución final. El comunicado consiste, normalmente, en el contenido de la opción ganadora, un memorándum para registrar las actividades de toma de decisiones y un reporte estadístico de conteo de votos.

Ejecución:

En micro democracia, todas las decisiones legislativas, y la mayoría de las administrativas, están dentro del ámbito de la toma de decisiones pública democrática, con excepción de aquellas decisiones operacionales microscópicas para tareas técnicas y rutinarias. Las funciones gubernamentales para diseñar políticas gradualmente se desvanecen y se convierte en la agencia ejecutiva para las decisiones democráticas.

Bajo la democracia representativa, el proceso de toma de decisiones democrático muere con el nacimiento de la resolución. Si la resolución luego se interpreta e implementa correctamente o no, y si luego se encuentran grandes fallas en ella o no, ya no son asunto de decisión sino asuntos de ejecución. Para enmendar o anular una decisión, un nuevo proceso de toma de decisiones debe comenzar, lo que consume mucho tiempo y es doloroso. Aunque este siga siendo un método práctico, bajo el sistema micro democrático, se presenta un nuevo mecanismo importante, lo que extiende el ciclo de decisión a toda la etapa de ejecución de la resolución. Esto permite que las personas revaliden y cambien la decisión, y que la perfeccionen o terminen con ella si es necesario.

Para facilitar la discusión de este nuevo mecanismo, las resoluciones pueden categorizarse en cuatro tipos:

1. *Misión Irreversible*
2. *Misión reversible*
3. *Leyes Temporales*
4. *Leyes Permanentes*

Las resoluciones de tipo misión son para completar una o dos series de tareas específicas. Terminan tan pronto se alcanzan sus metas predefinidas. Se subdividen en misiones irreversibles y reversibles. En la primera, una vez que la ejecución ha comenzado, es imposible devolverla a su estado original. En la segunda, la ejecución puede ser abandonada a mitad del camino y puede ser devuelta, completamente o parcialmente, a su estado anterior.

El tiempo de ejecución para la mayoría de misiones irreversibles es corto y puede ser considerado como una acción instantánea comparado con la duración del procedimiento de toma de decisiones. Una vez comenzado, o es muy tarde para suspender, o es imposible revertir las consecuencias. Por ejemplo, cortar un gran árbol o destruir un templo antiguo son representaciones de una misión irreversible. El árbol cortado no puede crecer a la misma altura anterior, y el templo antiguo en ruinas tampoco volverá a ser el original, aun cuando se reconstruya. Para algunas otras situaciones, las misiones irreversibles pueden ir más allá del control de las personas. Como las declaraciones de guerra, una vez que las batallas empiezan, la pérdida de vidas y materiales nunca se recobrará. Aún más, el progreso de la guerra no es una decisión democrática unilateral; será influenciada por varios factores externos que no son tan simples como abandonar la resolución de guerra.

Las misiones reversibles, normalmente, toman más tiempo para ejecutarse, como talar todo un bosque o construir un gran parque industrial. Si la resolución se anula lo suficientemente pronto, todavía habría oportunidad para revertirla o evitar, parcialmente, sus consecuencias. Por ejemplo, una vez que la ejecución de la resolución se termina, aunque parte del bosque no se pueda salvar, el resto puede ser conservado. Si el proyecto para construir el parque industrial es abortado, la porción que ya se ha construido puede ser irrecuperable, pero la fuerza de trabajo y los recursos materiales que no se gastaron, y que fueron planeados previamente para el resto de la obra, pueden ahorrarse.

Existe un área gris entre las misiones reversibles e irreversibles. La frontera exacta la tienen que delimitar los ciudadanos a través del procedimiento democrático. Debido a que las medidas correctivas para las resoluciones reversibles pueden, efectivamente, contener la corrupción política, mientras más resoluciones se clasifiquen como reversibles, menos espacio habrá para la corrupción política. Por esta razón, bajo el sistema representativo, la reversibilidad de las resoluciones es ignorada deliberadamente. El tiempo y los costos económicos son, muchas veces, las excusas para prevenir la revalidación y corrección oportuna. También, la mayoría de las decisiones son tomadas por el círculo de decisión íntimo de los representantes o por órdenes administrativas gubernamentales, y luego son consideradas como "un hecho consumado". El ejemplo más obvio es la elección presidencial: una vez elegido, aunque su nivel de apoyo baje instantáneamente por debajo de la barra, el presidente todavía podrá mantener el cargo por años. Igualmente, para los referéndums: una vez que sale el resultado, aunque la opinión pública rápidamente cambie de dirección, la decisión no cambiará, al menos por un tiempo bastante largo, o para siempre. Por esta razón, las fuerzas políticas muchas veces inventan dramas en la víspera de las votaciones, usando un libreto lleno de emergencias públicas, información errada y manipulación mental, para poder alcanzar y asegurar, rápidamente, decisiones a su favor. Al hacer esto, sabiamente, también transfieren la culpa de tomar malas decisiones al pueblo, usando el exagerado costo político de la toma de decisiones democrática como excusa para persuadir a las personas de tolerar "temporalmente" las decisiones defectuosas. Bajo el sistema micro democrático, con la ayuda de la tecnología de la información y el rediseño de los procedimientos democráticos, el costo de la toma de decisiones y el ajuste de la ejecución, se reduce significativamente y las excusas anteriores no se pueden utilizar más, haciendo que las misiones reversibles sean, verdaderamente, reversibles.

Las resoluciones de tipo ley son usadas para la aplicación consistente y continua de códigos sociales designados. Se subdividen en leyes temporales y permanentes. La única diferencia entre las dos es que la primera tiene un tiempo y condiciones preestablecidas, y la última se mantiene activa permanentemente hasta que sea abolida por resoluciones futuras. Desde la perspectiva de reversibilidad, ambas son reversibles, y una vez abolidas, el impacto potencial del resto del periodo de validación es evitado. Existen casos excepcionales donde algunas leyes temporales tienen características irreversibles. Como la emergencia nacional o la ley marcial, no existe un canal institucional para abolirlas a través de procedimientos democráticos. Debido a la naturaleza extrema de tales métodos de aplicación, muchas veces causan consecuencias irreversibles.

Basado en el análisis anterior, todas las resoluciones encajan en dos categorías más simples: *Resolución Irreversible* y *Resolución Reversible*.

Los seres humanos son emocionales. Las emociones dan a las personas pasión y coraje para alcanzar muchos logros, pero, por otro lado, el miedo y el enojo son, a menudo, los enemigos de la sabiduría. Numerosos casos han demostrado que cuando las votaciones democráticas llegan a un punto muerto, las noticias urgentes y los eventos extremos, muchas veces, provocan reacciones irracionales en los votantes. Haciendo uso de esta situación, los manipuladores detrás de las cortinas a menudo tienen éxito inmediatamente. Debido a que los impulsos también se desvanecen rápidamente, esos dramas planificados siempre suceden en el último minuto para obtener mayores efectos. Cuando las personas recobran la razón, es demasiado tarde.

Las elecciones emocionales no siempre llevan a malas decisiones. Existen muchísimos ejemplos en la historia donde los logros y milagros resultaron de actos pasionales. Con las manipulaciones maliciosas, sin embargo, este no es el caso. Para reducir la arbitrariedad y las interferencias de irracionalidad y para alcanzar decisiones inmejorables, el sistema micro democrático presenta el "método de votación de dos pasos" para resoluciones irreversibles. El concepto básico es que la primera ronda de votación establece el resultado inicial y la segunda ronda de votación lo solidifica o corrige; los pesos electorales totales de dos rondas para cada opción determinan la decisión final.

El *Principio de Simetría Inversa* se aplica aquí: el radio principal de la opción ganadora de la primera ronda de votación establece la barra ganadora inversa para la segunda ronda de votación. Por ejemplo, en una moción de tipo irreversible de dos opciones, el lado ganador de la primera ronda de votaciones lleva la delantera con un 10% más de pesos electorales que su oponente. Esto significa que las dos opciones reciben 55% y 45% de los pesos electorales totales. Luego, en la segunda ronda, el lado perdedor de la primera ronda debe obtener al menos la misma ventaja para darle vuelta a los resultados. Para el ejemplo anterior, esto significa que el ganador de la primera ronda solo necesita obtener más del 45% del peso electoral (como el 60%) para ganar la resolución final. Sumando los pesos electorales de las dos rondas, el ganador de la primera ronda recibió en total 55% + 60% = 115%, y su oponente recibió 45% + 40% = 85%. Por consiguiente, el primero ganó.

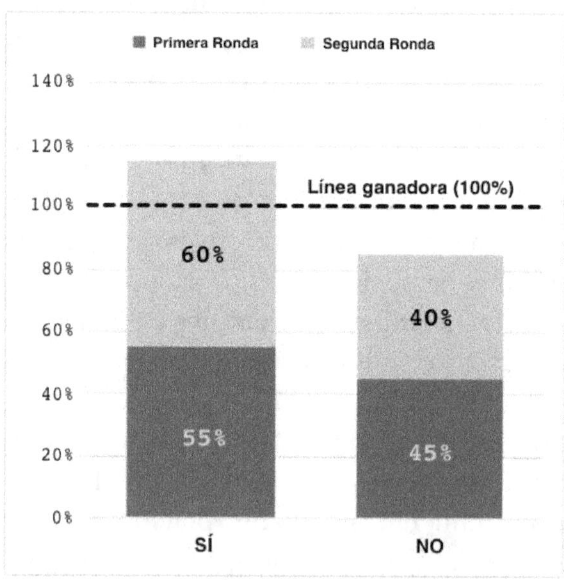

Figura 3.1: ejemplo del Método de Votación de Dos Pasos (dos opciones)

De manera similar, el Método de Votación de Dos Pasos aplica para aquellas mociones con más de dos opciones. La opción que recibe los pesos electorales totales más altos en las dos rondas gana.

Para cada caso, aunque el resultado de la primera ronda de votación sea afectado por perturbaciones a corto plazo, todavía existe una oportunidad para corregirlo en la segunda ronda. El principio de simetría inversa, en vez de una mayoría simple, usado en la segunda ronda asegura que dicha corrección sea una acción consciente y significativa, no otra fluctuación aleatoria accidental. El resultado de la primera ronda debe ser publicado inmediatamente después de la votación. El periodo de descanso entre las dos rondas debe ser suficiente para aliviar la ansiedad temporal, preferiblemente más de 72 horas. El sistema micro democrático asume que las personas mantendrán sus elecciones anteriores y que van a votar de la misma manera en la segunda ronda de votación. Por consiguiente, el sistema repetirá la última acción de los votantes en la segunda ronda automáticamente para conveniencia de ellos, a menos que ejerzan sus votos directos antes de las fechas límites. El mecanismo del método de votación de dos pasos trabaja, en gran medida, cuando la competición es estrecha. En el caso de una opción de carácter general, una parte debe ganar con un triunfo aplastante en la primera ronda de votación, haciendo que sea casi imposible revertirla en la segunda ronda, a menos que pase algo inesperado. En este caso, la mayoría de las personas no necesitan hacer nada, pues el sistema automáticamente ejercerá el mismo voto por ellos en la segunda ronda.

Para las resoluciones reversibles, las personas también pueden elegir utilizar el método de votación de dos pasos, pero no es necesario. Esto es porque la micro democracia ofrece otras oportunidades para revocarlas.

Varios factores pueden afectar la conclusión de la resolución, pero la consideración principal sigue siendo el contenido de la moción. El método de votación de dos pasos resuelve el problema del disturbio emocional repentino. Sin embargo, factores como la precisión de la información y los cambios de condiciones externas deben ser considerados. En muchos casos, solo el tiempo puede decir si la decisión es razonable y sabia. También, la conclusión cambia, naturalmente, a medida que algunos factores pueden cambiar a lo largo del tiempo. Verdaderamente, los ciudadanos deben ser responsables por sus decisiones electorales, especialmente aquellas malas decisiones, pero esto no significa que las decisiones son talladas en piedra o que no se puedan cuestionar. Claramente, las resoluciones activas no deben ser anuladas frecuentemente, pues algunas veces esto puede causar un enorme desperdicio para terminar una decisión implementada a medias. Para balancear estos problemas, el principio de simetría inversa también es útil aquí para establecer la condición de aprobación para terminar las resoluciones políticas activas. Es decir, una nueva moción de este tipo para anular la resolución original debe lograr un radio principal que no sea menor al margen con el que la resolución fue aprobada anteriormente. De esta manera, la antigua decisión no se cancelará tan fácilmente, y las personas pueden evaluar la sostenibilidad y estabilidad de las resoluciones consultando el margen ganador anterior. Para las decisiones que ganaron con grandes ventajas, las personas pueden realizar inversiones correspondientes, más largas y a largo plazo, con confianza, y para aquellos casos contrarios, las personas actuarán con precaución. Por definición, más recursos sociales fluyen naturalmente en la dirección donde va la corriente principal de la opinión pública.

Los ajustes a la resolución original también pueden ser hechos a través de enmiendas, las cuales solo cambian una pequeña parte de las resoluciones originales. Para que las enmiendas pasen, el radio principal también debe exceder el margen ganador de la resolución original alcanzado anteriormente. Una vez que pasaron, los cambios son fusionados con la original y se forma una nueva versión de la resolución en general. Todas las ejecuciones siguientes seguirán la nueva versión, todas las enmiendas y vetos futuros también modificarán esta versión. Debido a que cada enmienda representa solo un cambio de contenido general, el umbral para pasar sigue siendo el mismo para la resolución en general, para que la dificultad de las enmiendas no se siga incrementando.

El contrato social[1] es el pilar de la libertad y la democracia. Aunque no todas las llamadas naciones democráticas lo admiten, si la legitimación no se remonta al reconocimiento y consentimiento de los ciudadanos de este principio contractual, entonces se debe buscar en otra parte, como en la religión o la fuerza, para las raíces de su autoridad. Teóricamente, si un país democrático es auténtico o falso, fundamentalmente depende del grado de voluntariedad y autenticidad de tales relaciones contractuales. Hoy en día, irónicamente, los ciudadanos raramente, o nunca, tienen la oportunidad de revisar y firmar este contrato. Se hace a nombre de ellos, secretamente, por los representantes en pasillos de mármol y a puertas cerradas. Incluso para el documento más crítico de todos, la constitución nacional, muy pocos ciudadanos ordinarios, si acaso, participaron en ella o influyeron efectivamente en su elaboración y votación. Claramente, aquellos diseñadores iniciales no pudieron obtener un mandato universal legal antes de que cualquier ley existiera. Debido a las limitaciones de aquellos tiempos y la tecnología de las épocas antiguas, por ahora debemos perdonar esta imperfección de los sistemas antiguos, asumiendo que los ciudadanos ordinarios de la época habían aprobado el contrato indirectamente. Después de todo, es una paradoja del huevo y la gallina. Sin embargo, actualmente, no tiene sentido y es absolutamente inmoral imponer este contrato indiscriminadamente a las nuevas generaciones con la misma excusa.

Tomando el ejemplo de Estados Unidos, los padres fundadores que firmaron la constitución desaparecieron hace siglos, pero la generación que acaba de nacer todavía es obligada a heredar este contrato sin siquiera pedirles que firmen un consentimiento oficial o que la vuelvan a discutir y votar. Ellos son forzados a cumplir los compromisos de otros y obedecer los códigos de conducta que nunca les fueron consultados. Es decir, sin duda, en contra del espíritu de voluntariedad y autodeterminación y, consecuentemente, invalida la fundación del sistema.

Claramente, este problema no es exclusivo de las democracias maduras y no está limitado a la constitución; de hecho, es todavía más grave en otros lugares. Esta imposición e injusticia parece ocurrir en cualquier ley ligeramente antigua. Cuando las generaciones mayores de ciudadanos promulgaron estas leyes, sus intenciones fueron resolver los problemas prácticos con el mejor conocimiento e ideas del momento, no limitar el derecho de elegir de las generaciones futuras. Sin embargo, con el tiempo, aunque la situación haya cambiado, muchas personas todavía consideran las leyes antiguas como el código del cielo, como si cuestionar estas leyes es un acto criminal de traición. Es completamente absurdo. Esta injusticia se presenta como los mayores reprimiendo a los más jóvenes. En verdad, es esencialmente un agravio que la clase dominante esté reprimiendo a todo el pueblo por el bien de sus intereses establecidos. Consecuentemente, la resistencia de las nuevas generaciones no se está oponiendo o irrespetando a las generaciones pasadas, sino a las élites privilegiadas del sistema político. Aunque la reexaminación de las leyes arcaicas traerá, inevitablemente, desafíos procedimentales y técnicos, las verdaderas dificultades son las obstrucciones de la clase gobernante y los grupos de intereses especiales. Pero pase lo que pase, estos son los obstáculos que la micro democracia debe superar, pues esta es la única manera correcta para que las leyes y las naciones ganen legitimidad.

Enmendar y abolir resoluciones ya son una parte de los procedimientos generales de la micro democracia, pero requieren condiciones de activación especiales como: un lugar destacado suficiente en el ranking de pesos de aval, acciones proactivas de los agentes de opinión pública, y así. En otras palabras, estos no son mecanismos automatizados. Para aquellas resoluciones pasadas con arrolladoras ventajas, de acuerdo con el principio de simetría inversa sin más de la mitad de los pesos electorales totales, es imposible enmendarlas o abolirlas. Bajo esta situación, los agentes de opinión pública dudarían, se contuvieran y abandonarían los intentos para arreglar los problemas enquistados. Imagine que alguna ley fue pasada con una ventaja de 90% versus el 10% hace cien años. Desde ese tiempo, las condiciones han cambiado drásticamente y toda la generación de ciudadanos que votaron por esta ley ya hamuerto. Sin embargo, las personas que hoy viven no pueden hacer ningún cambio sobre esta ley obsoleta a menos que recolecten 91% de los pesos electorales totales, lo que está claramente en contra de los sentidos, y es contrario a los ideales democráticos y el utilitarismo social. Por consiguiente, el sistema micro democrático necesita mecanismos de *Revalidación de Resoluciones* adicionales para consultar, automáticamente y de manera oportuna, a los nuevos ciudadanos sobre sus opiniones acerca de las viejas leyes que todavía están vigentes, y luego tomar acciones según corresponda.

Las operaciones en el sistema de la información, manteniendo la información de ciudadanía, rastreando las dinámicas de los ciudadanos y evaluando el impacto en los estatus de las resoluciones, son todas funciones esenciales de la micro democracia. Muerte, reubicación u otros cambios de vida pueden causar que los ciudadanos se salgan de los alcances de decisión; recién nacidos, asentamientos de inmigrantes, etc. también pueden sumar a la población para la cual los alcances de decisión son aplicables. Cuando el sistema micro democrático detecta que la composición de los ciudadanos para un alcance de decisión ha cambiado significativamente, revaluará las resoluciones activas correspondientes a este alcance automáticamente. Para una resolución en particular, los ciudadanos que anteriormente votaron por el lado ganador y que siguen teniendo derecho de votar para este alcance de decisión, si sus pesos electorales totales caen por debajo del 50% de los pesos electorales totales actuales de todos los votantes aptos para este alcance de decisión, entonces se activa la revalidación automáticamente.

Imagine que, para una resolución, 700 ciudadanos votaron la opción ganadora con 60% de los pesos electorales totales. El 40% restante de los pesos electorales totales para las opciones perdedoras vino de los otros 300 ciudadanos.

Algunos años después, 200 ciudadanos del lado ganador y 100 ciudadanos del lado perdedor se salen del alcance de decisión, mientras que 300 nuevos ciudadanos se suman durante el mismo periodo. Basado en esta última composición de ciudadanos, si el detector de reevaluación automatizado encuentra que los pesos electorales restantes de los lados ganadores y perdedores han cambiado a un 49% y 21%, los nuevos ciudadanos que no habían votado tienen el 30% restante; es decir, si el lado ganador anterior ahora tiene menos del 50% de los pesos electorales totales actuales, entonces el procedimiento de revalidación es detonado automáticamente.

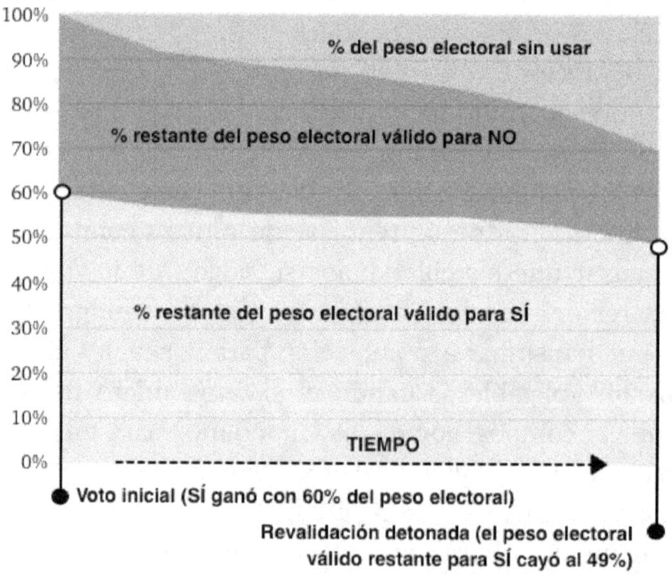

Figura 3.2: ejemplo del detonante de revalidación (dos opciones)

La tarea principal de la revalidación es volver a votar la versión actual de la resolución, para determinar si mantenerla o abolirla. Normalmente, la condición de abolición ya no utiliza el principio de simetría inversa, pero sigue el principio de mayoría simple para establecer la línea de aprobación. Es decir, 51% del peso electoral total sería suficiente para vetar la resolución original. O, si el resultado de la revalidación es en favor a la actual resolución, el último radio ganador sobrescribirá al anterior, incluso si es menor, para que las condiciones y el umbral de las futuras enmiendas sean actualizados como corresponda. Cuando sea necesario, la votación de revalidación también puede adoptar el método de votación de dos pasos para filtrar las fluctuaciones de los factores aleatorios. Para simplificar la operación, el sistema asume que los ciudadanos que han votado previamente en esta resolución mantendrán sus decisiones a menos que ellos vuelvan a votar activamente de otra manera. Para alcances de decisión donde grandes números de ciudadanos están constantemente saliendo y entrando, un intervalo mínimo también puede ser establecido para prevenir que la revalidación ocurra muy a menudo.

El cumplimiento de las metas predefinidas, la expiración del periodo válido y la terminación temprana debido a la revalidación, son todas situaciones que pueden terminar la ejecución de la resolución. Los ajustes de las condiciones de terminación solo pueden ser hechos mientras la resolución es todavía válida. Una vez que el ciclo de vida de la resolución termina, ya no se puede reanudar más. Si existe una fuerte necesidad de extenderlo, solo es posible para iniciar una nueva propuesta, pasar por el procedimiento de toma de decisiones estándar y reconstruir una resolución similar para lograr el efecto de la extensión.

Una característica única de la micro democracia es que sus actividades de toma de decisiones no tienen una periodicidad notable. Todas las actividades están entrelazadas dinámica, continua y eternamente, para que la toma de decisiones democrática pueda responder al mundo cambiante de manera sensitiva y rápida. Esta agilidad es una característica poderosa para evitar y corregir errores en las decisiones y contrarrestar la conspiración política y la corrupción. Bajo el sistema micro democrático, el aseguramiento de las decisiones es logrado por ventajas de peso electoral en vez de términos fijos, lo que incrementa significativamente el costo de conspiraciones políticas. Aunque esas actuaciones dramáticas pueden adquirir una ventaja momentánea engañando al pueblo, los resultados no se asegurarán por mucho tiempo si esas resoluciones contradicen la verdad y los intereses del pueblo. El sistema de delegación dinámico de la micro democracia les permite a los ciudadanos que sepan la verdad privar del poder a los políticos y partidos políticos deshonestos en cualquier momento y realizar acciones correctivas relevantes en las resoluciones cuando sea necesario. Esto hace que la especulación sea extremadamente riesgosa, tanto políticamente como económicamente, y ya no es más rentable. Esta restricción de costos impulsa a las fuerzas políticas a apreciar la confianza a largo plazo del pueblo, al tiempo que convierten sus actitudes y comportamientos en unos más honestos y constructivos, produciendo así un resultado beneficioso para todos.

 # Derechos Humanos

La toma de decisiones de la micro democracia puede ser aplicada en muchos aspectos de la vida cotidiana, ya sea en la comunidad, la organización o hasta en los asuntos corporativos. En estos escenarios, las personas pueden elegir hacer acuerdos mutuos de legitimidad por el bien de la eficiencia y el costo. Sin embargo, cuando la micro democracia funciona como el mecanismo central para decidir los asuntos más serios e importantes, los derechos humanos y las leyes deben ser tomados en consideración para resguardar los principios de legitimidad, racionalidad y utilitarismo. Solamente haciendo esto es que las personas disfrutarán todos los méritos y beneficios que la micro democracia ofrece.

La superioridad de la moralidad democrática se reduce al respeto de los individuos y a la búsqueda de la felicidad total de la sociedad. Es por esto que, el utilitarismo sirve como la motivación de la micro democracia. Incrementar el número de personas que disfrutan de los derechos civiles y beneficios sociales, y proporcionar estos derechos y beneficios a las personas con igualdad, son los dos enfoques principales para mejorar la utilidad social. En la micro democracia, esto es, esencialmente, un tema de derechos humanos.

Actualmente, existen dos visiones predominantes entre la comunidad internacional acerca de los derechos humanos:

Una de las visiones enfatiza la igualdad de los derechos en vez de su contenido específico. Cualquier beneficio que la riqueza social pueda proporcionar de manera igualitaria es considerado un derecho al cual todos los ciudadanos tienen facultad de acceder. Desde este punto de vista, mientras la riqueza social y el suministro de recurso fluctúan (con tendencia a crecer), los estándares y el alcance de los derechos humanos cambia en consecuencia (usualmente incrementándose y expandiéndose).

Otra visión de los derechos humanos presta más atención al contenido específico de los derechos civiles. Basado en las necesidades funcionales de los sistemas democráticos, ciertos derechos civiles son identificados como las condiciones críticas para que el sistema opere de manera efectiva. Principalmente, son aquellos derechos en los que los ciudadanos confían para poder participar, de manera independiente, justa y efectiva, en actividades políticas. En este sentido, la democracia y los derechos humanos comparten un cierto grado de identidad, es decir, los estándares y el alcance de los derechos humanos están ligados a sistemas democráticos específicos, en vez de la riqueza social.

De acuerdo con sus diferentes enfoques, a la primera visión la llamamos *Derechos Humanos de Bienestar* y a la última visión *Derechos Humanos Institucionales*. De hecho, no existe una diferencia inherente entre las dos. Al contrario, son complementarias entre ellas y juntas completan la definición de derechos humanos. Ellas revelan la relación entre los derechos humanos y la democracia desde la perspectiva de causa y efecto: para la democracia, los derechos humanos institucionales son un prerrequisito; los derechos humanos de bienestar son el propósito. Un sistema democrático verdadero solo puede ser construido, primero, sobre los derechos humanos institucionales. Luego, junto con el incremento de la riqueza social y los recursos, continuamente enriquece los derechos humanos de bienestar con mayores beneficios civiles.

Desafortunadamente, estas dos escuelas de derechos humanos se pueden confundir fácilmente, y esta confusión muchas veces es convertida en arma en los conflictos entre naciones. Por ejemplo, algunos regímenes autoritarios acuñaron el concepto de los llamados derechos de desarrollo colectivos, pintando astutamente una contradicción entre los derechos civiles y el desarrollo de la sociedad. Con la excusa de las condiciones nacionales únicas y los niveles de desarrollo económicos, ellos rechazan o demoran eternamente la implementación de los derechos humanos institucionales para preservar los privilegios autocráticos del grupo gobernante. Otros países desarrollados tienen un fuerte sentido de superioridad cultural. A ellos les gusta comparar sus derechos humanos de bienestar con aquellos de las naciones en desarrollo, estableciendo los llamados derechos humanos universales basados en sus preferencias. Al hacer esto, ignoran la diversidad de religión, costumbres y condiciones económicas de sociedades a lo largo de las regiones y naciones. Con gran arrogancia, ellos toman los derechos humanos como una excusa única para justificar las sanciones e invasiones en contra de países subdesarrollados. Ellos imponen, selectivamente, los derechos humanos bajo estándares dobles y, muchas veces, se olvidan de un desastre humanitario mucho más severo después de alcanzar sus verdaderas metas, lo que revela que, lo que realmente les importó, no fue el bienestar de las personas sino otras agendas ocultas.

Para resolver los problemas anteriores, los derechos humanos institucionales y los derechos humanos de bienestar son tratados de manera distinta en la micro democracia, para que puedan servir mejor a los propósitos para los que fueron diseñados. Para ser específicos, la micro democracia proporciona protección absoluta e incondicional de los derechos humanos institucionales, para resguardar la efectividad de los mecanismos de la democracia. También, reconoce la relatividad de los derechos humanos de bienestar, por consiguiente, permitiendo su autodeterminación y autoadaptación para que coincida con los valores sociales y niveles materiales. La constitución es la guardiana de los primeros, y las leyes regionales comunes apoyan los últimos.

A diferencia de muchos países, actualmente, la protección de los derechos humanos institucionales y la definición de protocolos operacionales son el único contenido de la constitución de la micro democracia. Cualquiera de las tendenciosas previsiones que vayan más allá del alcance anterior, sean religiosas, políticas, económicas o culturales, serán todas consideradas como restricciones adicionales para las decisiones personales de los ciudadanos, y no solo son innecesarias sino también extremadamente peligrosas. Tales políticas controversiales y derechos humanos de bienestar solo pueden ser definidos en las leyes comunes fuera del alcance de la constitución. Bajo el sistema micro democrático, las leyes comunes permiten los ajustes constantes de los derechos humanos de bienestar y son, consecuentemente, altamente adaptables y sensibles a los cambios en las condiciones externas.

Como eje de la constitución, los derechos humanos institucionales son extremadamente esenciales para el sistema micro democrático. Es necesario hacer un análisis detallado y definiciones precisas sobre ellos:

Seguridad Personal y Libertad

La verdadera democracia comienza con los ciudadanos expresando sus verdaderas aspiraciones fielmente. Esta autenticidad primero recae en la sensación de seguridad de las personas. Bajo la coerción violenta, aunque los ciudadanos tengan permiso de participar en la toma de decisiones, sus elecciones son solo un reflejo de la voluntad de la persona que coacciona. Realmente, el simple hecho de amenazar con usar la violencia es suficiente para distorsionar la opinión pública, sin mencionar el caso de la privación de la vida y libertad de las personas. Sin duda, la protección de la seguridad y libertad de los ciudadanos es una prioridad máxima del sistema micro democrático y los derechos humanos institucionales más importantes.

La violencia directa en contra de los disidentes tiende a llamar la atención pública, y posteriormente, la oposición de las personas. Por consiguiente, muchos regímenes autoritarios prefieren usar la intimidación para neutralizar a los disidentes desde muy temprano. Las leyes son sus herramientas más útiles para limitar las decisiones de los ciudadanos, castigando a aquellos que se atrevan a cruzar la línea y, al mismo tiempo, intimidando a otros, evitando que puedan desafiar los tabúes políticos. Lo ingenioso de este enfoque es que mezcla las leyes funcionales necesarias para mantener el orden social con las leyes políticas para privilegiar a los grupos de intereses especiales, para después formalizarlos a través de procedimientos legislativos a manos de los representantes. Como consecuencia, las clases privilegiadas, astutamente, secuestran la voluntad de todo el país. La línea entre los anti privilegiados y la anti sociedad es borrada deliberadamente, haciendo más conveniente que los poderosos pinten a los rebeldes como criminales, para luego satanizarlos, aislarlos, castigarlos e incluso matarlos. En efecto, algunos de ellos cayeron en esta trampa, pasando de luchar en contra del sistema podrido a ser anti sociedad, distanciándose del pueblo en general. Una vez que los intereses establecidos son incorporados en el sistema legal, las clases privilegiadas pueden hacer uso de esta máquina de violencia estatal, especialmente las fuerzas policiales y judiciales, para perseguir a los disidentes de manera sistemática y automática. Por tanto, nace la policía estatal anti democrática. Su característica central es la presencia de las provisiones políticas en la constitución y las leyes, así que, la libertad de expresión se convierte en un acto criminal sujeto a castigo.

Por consiguiente, un sistema democrático abierto y verdadero debe eliminar todas las cláusulas tendenciosas políticamente desde aquellas leyes nacionales funcionales que tienen el propósito de mantener el orden social y los sistemas operacionales democráticos, especialmente de la constitución. Esto no significa que lo tendencioso no tenga cabida en todas las leyes; al contrario, sigue siendo permitida en las leyes comunes secundarias, regionales y dinámicas. Sin embargo, los castigos de violación de este tipo de leyes no deben poner en peligro ninguno de los derechos humanos institucionales, especialmente la seguridad y libertad de las personas.

Decisiones Sobre Asuntos Personales

El derecho de decidir los asuntos propios amplía el derecho de seguridad y libertad personal al territorio de la vida social. También, motiva a los ciudadanos a formar una actitud independiente y autónoma, y a atreverse a expresar sus verdaderos deseos y demandas a través de las actividades políticas.

Los asuntos personales, usualmente, incluyen el matrimonio, la profesión, la religión, el estilo de vida, entre otras cosas. La intensidad que las personas sienten referente a los asuntos antes mencionados varía de persona a persona, así que la determinación de violaciones no siempre es precisa a primera vista. Algunas veces, los ciudadanos pueden hacer arreglos conscientes para balancear beneficios financieros, relaciones interpersonales u otros intereses, lo que es también la decisión independiente del ciudadano. A pesar de las complicaciones de la situación, existe un principio simple: las decisiones independientes de los ciudadanos sobre sus asuntos personales no deben ser interferidas utilizando maneras que amenacen sus derechos humanos institucionales. En otras palabras, los derechos humanos institucionales, como la seguridad y libertad personal, el derecho de decidir sobre otros asuntos personales, así como otros derechos de los que se hablará más adelante en este capítulo, son derechos incondicionales e innegociables de los ciudadanos. No debe de existir ni una recompensa, ni un castigo para un ciudadano que tome ciertas decisiones personales. Por otro lado, es aceptable influenciar las decisiones de los ciudadanos sobre asuntos personales, intercambiando los beneficios de los derechos humanos de bienestar no institucionales como una ventaja, pues estas son prácticas convencionales y comunes en la vida social.

Es importante anotar que la amenaza a los derechos de los ciudadanos para decidir sobre asuntos personales viene no solamente de las autoridades gubernamentales, sino también de las familias, comunidades, nacionalidades y grupos religiosos, sobre los cuales recae otra sombra: el colectivismo[1].

Bajo el sistema político de micro democracia, los grupos previamente divididos en partidos políticos, regiones o costumbres enfrentarán la disociación bajo el principio de "relatividad". Los ciudadanos necesitan tomar decisiones sobre muchas propuestas en sus vidas diarias, y sus alcances de decisión varían. Así que, los ciudadanos necesitan participar en la toma de decisiones dentro de muchos grupos diferentes. En tales casos, las unidades de toma de decisiones se vuelven más dinámicas y perdedoras, y el dicho de la llamada colectividad será debilitado en la toma de decisiones. Esta tendencia refleja la dirección del progreso social y la contradicción inherente entre el colectivismo y el utilitarismo en la sociedad moderna. Se espera que, en la nueva etapa del desarrollo democrático, ej. la micro democracia, el individualismo gane más espacio sobre el colectivismo e, inevitablemente, enfrente una tremenda resistencia.

Aunque el colectivismo está destinado a ser un gran enemigo de la micro democracia, no debe ser negado simplemente juzgando sus valores, ignorando su significado positivo en ciertas etapas del desarrollo social.

En la mayoría de las etapas de la historia, el colectivismo ha sido una forma superior y racional de la sociedad humana. La semilla del colectivismo ha sido plantada en los genes humanos desde hace mucho tiempo, ya que nuestros ancestros primates son animales sociales en su propio derecho. Siendo débiles como individuos, para obtener comida adecuadamente y evitar ser cazados, deben alcanzar una ventaja grupal a través de la cooperación efectiva y la acción concertada. Aquellos simios que vivieron solos o que fracasaron en actuar, rápida y efectivamente, dentro del grupo fueron eliminados en la evolución. El modelo de la prioridad colectiva ha sobrevivido y se ha fortalecido, continuamente, en la competición natural. En una sociedad primitiva, la obediencia absoluta a la autoridad tribal sigue siendo la única oportunidad para la sobrevivencia del hombre en tierra salvaje. Mientras que, en la sociedad agrícola, las amenazas a los individuos ya no vienen, principalmente, de la naturaleza, sino más y más de la misma sociedad humana. Las características de la producción agrícola requieren que las personas se asienten en ubicaciones y grupos fijos por un largo tiempo. Debido a la retrasada tecnología, la producción de los alimentos muchas veces no puede alcanzar el crecimiento de la población, especialmente durante desastres naturales. La escasez de comida recurrente lleva a conflictos y guerras eternas. En la lucha constante entre defender y saquear comida, la ventaja grupal predomina. Por consiguiente, los grupos que organicen acciones con eficiencia, fácilmente derrotarán a las personas abandonadas por los grupos, o a los grupos que no están bien coordinados. Si los perdedores no son asesinados, deben sucumbir o unirse al grupo ganador, eventualmente integrándose a una estructura colectiva y cultural más organizada. Así que, tampoco existe espacio para el individualismo en la sociedad agrícola.

Con la llegada de la Revolución Industrial[2], los medios de producción se transformaron completamente. Esto fue resultado, en gran medida, del refinamiento de la división social de la mano de obra y la evolución de la intensificación. Debido a la masiva demanda de trabajo, la burguesía dejó que los campesinos abandonaran la tierra y relaciones sociales antiguas. La fuerza de trabajo, políticamente libre y empoderada, pasó a las fábricas donde vivieron un estilo de vida desconocido. En esta etapa, la disciplina y el trabajo en equipo se volvieron todavía más importantes en la producción, y los trabajadores también obtuvieron más fuerza en las uniones negociando con los capitalistas, indicando que el colectivismo estaba cogiendo terreno. Pero al mismo tiempo, la libre circulación de mano de obra también llevó, silenciosamente, a otra ideología con una influencia más profunda: por primera vez, el individualismo y el llamado a la libertad personal comienza a surgir y, gradualmente, se convierte en uno de los valores prevalecientes de la sociedad. Aparentemente, apareció de fenómeno cultural, pero la causa raíz fue que la libertad de los individuos y la producción industrial habían alcanzado una interacción positiva.

A medida que la ciencia y la tecnología progresaban, la tendencia del refinamiento de la producción robótica, la automatización e inteligencia, gradualmente, sobrepasaron la tendencia de la división del trabajo humano. En concordancia, las industrias de mano de obra intensiva se transformaron en industrias de capital intensivo. Desde la perspectiva del suministro de material social, la supervivencia ya no sigue siendo un problema para la humanidad. La motivación principal de las personas para trabajar se ha convertido en la búsqueda de la calidad de vida y la condición social. Gracias a esta acumulación material, las relaciones sociales fijas y estables han pasado de una necesidad absoluta a una decisión personal. Todos los beneficios ofrecidos por el colectivismo se están debilitando y desapareciendo, gradualmente. Se puede prever que el valor social cambiará a un individualismo más "extremo" junto con el desarrollo de la ciencia y la tecnología, a menos que esta tendencia se rompa como resultado de enormes retrocesos como la guerra o los desastres naturales. Solo con tales interrupciones desafortunadas, el colectivismo puede recuperar su racionalidad funcional y regresar naturalmente.

En resumen, ni el colectivismo ni el individualismo tienen un valor ético absoluto. Por el contrario, ellos surgen a través de un proceso de selección natural basado en la fundación económica y las necesidades funcionales de la sociedad. El nivel actual y la tendencia de los desarrollos de la ciencia y la tecnología, así como los ambientes internacionales, generalmente pacíficos, determinan que la micro democracia está destinada a ser pro individualista, y solo cuando la libertad individual es alcanzada en toda la sociedad, esta puede funcionar bien.

Asunto personal es un concepto muy amplio. Alguna delimitación es necesaria para implementar las protecciones apropiadas a los derechos humanos. En el contexto de micro democracia, encajan en las siguientes tres categorías: *Asuntos*

Personales Centrales, dentro de la cobertura de los derechos humanos institucionales, *Asuntos Personales No Centrales,* fuera de la cobertura de los derechos humanos institucionales, y *Asuntos Personales.* La diferencia entre los primeros dos delinea las fronteras definidas y fijas de los derechos humanos institucionales; la distinción entre las dos últimas delinea la frontera máxima posible de los derechos humanos de bienestar.

Los asuntos personales centrales que muchas veces poseen una influencia estable, significativa y a largo plazo sobre el bienestar de las personas, como el matrimonio, la profesión, la religión entre otras, son considerados dentro de la cobertura de los derechos humanos institucionales. A pesar de su significado, el alcance debe permanecer contenido, sin entrometerse en el alcance de las colectividades. En el caso de los asuntos personales no centrales, es decisión de la sociedad local determinar en qué medida los ciudadanos tienen el derecho de decidir cuáles son regulados por las leyes comunes regionales. Por ejemplo, el código de vestimenta y la etiqueta pueden ser atribuidos a libertades civiles en algunas regiones, pero ser fuertemente restringidas en otras. Debido a que la cultura, la religión, las condiciones económicas y el ambiente natural varían por región, el contenido y la extensión de la protección legal para los derechos humanos de bienestar difiere en conformidad. Estas diferencias son espontaneas y sus presencias objetivas son aceptadas naturalmente por la comunidad local. Es, de hecho, la expresión colectiva de la libertad personal y la elección individual, así como la autodeterminación cultural. Cuando nuevas personas entran en una comunidad, deben respetar los valores y protocolos sociales, mientras la comunidad también debe respetar la diversidad entre ellos mismos. El reconocimiento de las reglas de autonomía "desiguales" entre regiones dispares es, en sí mismo, una manifestación del mismo derecho a elegir.

Las leyes comunes locales en una región pueden restringir a las personas de decidir sus asuntos personales no centrales, lo cual puede ofender a algunos. El sistema micro democrático ofrece a los ciudadanos tres opciones para manejar tal situación: irse, soportar o cambiar. En la primera opción, las personas pueden decidir mudarse a otras regiones donde las leyes locales respeten las decisiones de las personas sobre sus asuntos personales. Como hablaremos más adelante en este capítulo, la migración es otro derecho humano institucional, para que los ciudadanos se puedan reubicar en cualquier región según sea su voluntad. En la segunda opción, las personas pueden elegir quedarse y aceptar la inconveniencia de estas regulaciones a cambio de otros beneficios ofrecidos en la región. Debido a que las leyes comunes no pueden castigar a las personas comprometiendo sus derechos humanos institucionales, los inconvenientes que causen no serán excesivamente duros. En la tercera opción, las personas pueden intentar cambiar las leyes correspondientes mediante el procedimiento de toma de decisiones de la micro democracia, siempre y cuando recolecten los pesos electorales suficientes. Dadas estas opciones, los ciudadanos pueden decidir sobre compensaciones basados en circunstancias personales y escoger cuál de las opciones funciona mejor para ellos.

Al categorizar los asuntos personales en centrales y no centrales, asignándolos a los derechos humanos institucionales y de bienestar, y tratándolos según corresponde, requiere reformar el sistema actual de derechos humanos. Las grandes convenciones de derechos humanos a las cuales la comunidad internacional se adhiere hoy en día, se han originado, mayormente, de la *Declaración Universal de los Derechos Humanos*[3], la cual define cuáles decisiones son consideradas libertades individuales y sujetas a protección por las leyes. Sin embargo, requerir que estas reglas sean universales, un estándar de oro, que todas las sociedades deben cumplir, es por sí mismo un acto compulsivo. Los antecedentes culturales específicos de los que las elaboraron, inevitablemente, limitaron la imaginación del desarrollo de los derechos humanos, muchas veces, causando contradicciones ridículas. Por ejemplo, los sentimientos e ideologías prevalecientes en Occidente condenan la policía religiosa en los países musulmanes por el castigo a las mujeres, pues no es conforme al estándar aceptado, considerándolo como una violación a los derechos humanos. Sin embargo, considera como un acto justificable que los policías de los países occidentales arresten a las personas por desnudez en lugares públicos. Todavía más irónico, al mismo tiempo, algunos países occidentales hasta obligan a sus ciudadanas musulmanes a quitarse el velo en público. Entonces, ¿quién tiene el derecho moral para determinar cuál vestido representa la libertad y en qué ocasión?

Otro ejemplo, las leyes y regulaciones laborales en los países occidentalesgeneralmente estipulan que el tiempo máximo de trabajo son ocho horas al día por cinco días. Sin embargo, en muchos países subdesarrollados, como resultado de herramientas precarias y una terrible infraestructura, las restricciones anteriores impedirían que las personas produzcan suficientes productos para sostener o mejorar sus condiciones de vida. Si los países occidentales no están comprometidos genuinamente en ayudar a estos países a mejorar sus tecnologías productivas y condiciones de vida, sino que solo acusan sus condiciones de trabajo como inhumanas, entonces es hipocresía o astucia. Por consiguiente, reconocer la relatividad, las dinámicas y el desarrollo de los derechos humanos de bienestar es la única actitud honesta y responsable.

Las diferencias en los derechos humanos de bienestar a lo largo de las regiones y grupos son el resultado de la diversidad social, además, dependen de las respectivas etapas de desarrollo de la economía y la cultura. Para mejorar a los rezagados, la libertad migratoria y el mecanismo dinámico de toma de decisiones democráticas juegan un papel fundamental. Lo primero permite que las regiones que ofrecieron mejores derechos humanos de bienestar atraigan a más población, promoviendo así la ideología, la cultura y el sistema económico detrás de estos derechos humanos de bienestar y, naturalmente, extendiéndolos a más regiones y personas. También, los inmigrantes que retornen traerán estas ideas de regreso a áreas subdesarrolladas, cambiarán gradualmente las leyes locales comunes y mejorarán los derechos humanos de bienestar locales mediante procedimientos democráticos. Será un proceso natural, constante y pacífico, que ya no dará lugar a malentendidos y enfrentamientos entre personas segregadas. Este mecanismo da vida a los derechos humanos de bienestar. Mientras la sociedad avanza, nuevos estándares y conceptos sobre los derechos humanos de bienestar que se ajusten al espíritu de los tiempos emergerán, uniéndose a la competición constructiva y pacífica de las ideas, para que los derechos humanos de bienestar siempre puedan seguir la eterna búsqueda de felicidad de las personas.

Material de Subsistencia Personal

Mientras ser alimentado y vestido sigan siendo las principales preocupaciones de vida, los ciudadanos no podrán tomar mejores decisiones para alcanzar un nivel superior de felicidad, pero en cambio, se conformarán con la simple supervivencia. Según la teoría de "Jerarquía de las Necesidades"[4] de Abraham Maslow, aunque satisfacer las necesidades más básicas produce alegría, existe una fuerza interior para promover esta alegría a un nivel superior. Es una necesidad de las necesidades. Apunta a una dirección con mínima resistencia interna y máxima ganancia de utilidad social. Sin embargo, hoy, en muchas democracias ricas, bajo el nombre de "realidades económicas", sigue siendo una práctica común el usar los elementos esenciales para vivir y la seguridad social para sobornar a las personas y controlar la opinión pública. También, es un fenómeno común durante la formación de los sistemas económicos y de bienestar nacionales para tratar a los ricos con generosidad y a los pobres con dureza. La noción de "recompensar la diligencia y castigar la pereza" en la teoría económica de mercado conservadora es, en realidad, "recompensar a los ricos y castigar a los pobres". La micro democracia debe detener esta manipulación a sangre fría y, en cambio, brindar a las personas una sensación de seguridad y paz mental para que tengan confianza y el empoderamiento para perseguir la autorrealización a un nivel superior. Por consiguiente, el acceso de las personas al material de subsistencia esencial se considera un derecho humano institucional fundamental, reconocido formalmente por la constitución y cumplido por el gobierno.

Proporcionar los elementos esenciales para vivir y los bienestares civiles para toda la población no es un nuevo concepto. Debido a que muchos intentos han fallado en la historia, esta propuesta definitivamente levantará dudas y objeciones, pero estas preocupaciones merecen atención y repuestas.

Primero, los derechos humanos institucionales son proporcionados a nivel constitucional y global, así que, deben ser iguales y universales. Esto significa que el material de subsistencia proporcionado por el gobierno debe ser el mismo en todos lados, ya sea en regiones de economías desarrolladas y condiciones naturales bendecidas, así como en economías subdesarrolladas y condiciones naturales severas. Este principio llevará el estándar a una parte más baja para que cada región pueda estar al alcance de ofrecer estos recursos. Aunque este estándar será, probablemente, demasiado miserable para las regiones económicamente desarrolladas, el propósito de este suministro de material de subsistencia es, de hecho, solo proporcionar a los ciudadanos sus necesidades esenciales y la sensación de seguridad, en lugar de la igualdad económica en contextos sociales específicos. Por lo tanto, se enfoca en las necesidades físicas fundamentales y relativamente fijas de las personas, como alojamiento esencial, comida sencilla, ropa necesaria, atención médica básica y espacio de almacenamiento para artículos personales.

Es necesario señalar que esperar bienestar social para proporcionar igualdad económica universal a lo largo de un gran país es una idea peligrosa. Dicho tipo de bienestar generalmente tiende a crecer unilateralmente hacia el límite más alto que la riqueza social puede soportar. Cuando la economía está floreciendo, verdaderamente, satisface a los ciudadanos. Sin embargo, cuando las condiciones económicas se deterioran y la riqueza social se encoje, se vuelve insostenible. Desafortunadamente, las personas, muchas veces, subestiman los beneficios que una vez disfrutaron y no pueden aceptar su deterioro con una mente racional. Además, esta reducción difícilmente puede ser del todo justa en la ejecución. En consecuencia, una vez que se produce la degradación del bienestar, se produce una grave insatisfacción social. Esto impone un impacto adverso sobre la estabilidad social, que a veces incluso resulta en una subversión catastrófica y una agitación. Además, la igualdad económica artificial y el bienestar exorbitante a menudo afectan la pasión de las personas por el trabajo, y es una de las principales causas del declive de la vitalidad económica y la incapacidad de la eficiencia de la producción.

Debido a que las posiciones de los derechos humanos institucionales y los de bienestar son diferentes, correspondientemente, los sistemas de bienestar social de la micro democracia los implementa de manera separada. Los derechos humanos institucionales solo cubren la seguridad material esencial para que puedan seguir siendo confiables y estables, incluso durante una crisis económica y desastres naturales. Al mismo tiempo, dejar un rango más grande para que los derechos humanos de bienestar floten, permitiendo a las sociedades locales estimular la economía y demostrar la superioridad. Las personas en diferentes regiones pueden manejar sus niveles específicos de bienestar regional basado en las condiciones económicas locales, los ambientes naturales, las filosofías del desarrollo y los principios de distribución social. Durante tiempos realmente malos, aún sin los beneficios de los derechos humanos de bienestar, las personas todavía pueden vivir sin miedo con los materiales de subsistencia personal mínimos proporcionados por los derechos humanos institucionales.

Por supuesto, cualquier suministro de subsistencia universal depende de un cierto nivel de apoyo de la producción social, incluso para estándares considerados como mínimos. Entonces, ¿es la capacidad de producción mundial actual adecuada para cubrir las necesidades de la población? Tomando el año 2017 como ejemplo, de acuerdo con la Organización de las Naciones Unidas para la Alimentación y la Agricultura[5], la producción global de cereal excedió los 2.6 mil millones de toneladas, mientras que la población mundial era de 7.5 mil millones. Si calculamos basado en el consumo mínimo de granos, el cual es 140 kilogramos por persona anual establecido por las Naciones Unidas, solo se necesita 1.05 mil millones de toneladas para alimentar a toda la población mundial, y la producción total de alimentos de ese año fue claramente superior. Aunque la población global alcance los 11. 2 mil millones estimado por las Naciones Unidas para el año 2100, esta producción seguiría siendo suficiente, sin mencionar que la tecnología de esa época probablemente incrementará la producción aún más mientras la fuente y la variedad de alimentos también puede ampliarse. La realidad es que, una gran porción de la producción de granos se usa, actualmente, como alimento para el ganado, para fabricar cervezas y hasta para materias primas industriales. En 2017, cerca de 600 millones de toneladas de maíz fueron consumidas por crías de animales, y una gran cantidad de granos fueron utilizados para fabricar vino, condimentos y varios alimentos procesados. Aun así, el inventario total de granos alcanzó los 700 millones de toneladas. Irónicamente, de acuerdo con el reporte oficial de las Naciones Unidas, cerca del 9% de la población mundial enfrentó una seria inseguridad alimentaria en 2016 y estuvo a tan solo 100 millones de toneladas de alimentos (cerca del 4% de la producción global) de resolver este desastre humanitario. Así que, no existe una escasez de materiales que no le permita al sistema micro democrático proporcionar el abastecimiento de alimentos esencial para la población. Ciertamente, existen algunos problemas en la distribución y el manejo, pero estos pueden ser resueltos con el diseño correcto de sistemas e instituciones.

La vivienda es otro elemento esencial para vivir. Debido a la complejidad en sí misma del asunto de la vivienda, la Organización de las Naciones Unidas no ha proporcionado estadísticas simples y claras relacionadas con su existencia y suministro. Sin embargo, considerando que existen muy pocos desastres naturales causados por la falta de vivienda en el mundo actual, y que abundan casas vacías en muchas regiones, existen razones para creer que la clave para cumplir la demanda básica de vivienda no es resolviendo la escasez, sino el tema de la distribución.

Es importante remarcar que el propósito central de la micro democracia, proporcionando el suministro de materiales mencionados anteriormente, no son las consideraciones humanitarias, aunque eso, verdaderamente, resolvería el problema completamente. El punto de vista humanitario tiende a moverse y divergir con los antecedentes culturales de los críticos y los juicios emocionales subjetivos. No posee estándares ampliamente aceptados y se confunde fácilmente con las perspectivas de valor. Por el contrario, los requerimientos funcionales de los derechos humanos institucionales son muy claros: asegurarse de que los ciudadanos participen en actividades democráticas sin preocuparse por la supervivencia o sin ser amenazados de alguna manera, para que los mecanismos de la micro democracia funcionen verdaderamente en operaciones reales.

Objetos Personales

La diferencia entre los objetos personales y los, ya mencionados, materiales de subsistencia personal se encuentra en su posesión. Los últimos son propiedades del gobierno; los ciudadanos solamente los usan o los consumen temporalmente con su permiso. Mientras los suministros no se agoten, el gobierno tiene el derecho de reorganizar la distribución o el uso de esos materiales, como cambiar las viviendas por ocupantes, además estos materiales no facultan a los usuarios a tener pesos electorales relevantes. Referente a los primeros, son propiedades de los ciudadanos protegidas por la ley. Los ciudadanos pueden disponer de sus objetos personales según su voluntad y recibir los pesos electorales relevantes como su dueño.

Con el mercado económico dominando, los derechos de la propiedad privada son protegidos completamente. Siendo el centro de la operación económica del mercado, la propiedad es poder. Esta provoca la influencia social sustancial de los ricos y, posteriormente, suprime la voz del pobre. La "mano invisible"[6] del mercado, ciertamente, opera la eficiencia de la economía, pero es el capital, en vez de los intereses públicos, el que controla esta mano. Para el capital, el trabajo duro y las necesidades de los ciudadanos son triviales. Para algunos puntos de vistas, esta mano invisible es simplemente una herramienta para que la clase rica les ordene a los trabajadores, solo que es más educada y refrenada que los látigos de los capataces de esclavos y los señores feudales. Ciertamente, esta etiqueta ha resultado en diversos grados de progreso social, pero al final del día, todavía no es más que un medio de explotación. Por consiguiente, cuando las personas juzgan este sistema económico por su apariencia supuestamente científica y justa, y elogian su funcionamiento efectivo, también deben considerar su impulso y propósito subyacentes, y a quién sirve esta eficiencia y por qué, sin dejarse engañar por las pequeñas limosnas.

Los defensores de la economía de mercado creen que la protección, casi divina, de la propiedad privada es la clave para el gran éxito del capitalismo. Esta opinión tiene algo de sentido, pero si esto es el único camino, o si el éxito de la economía de mercado beneficia a todos de una manera que les gusta, es cuestionable y provoca más análisis. Cuando el poder de la riqueza cae sobre pocas manos, la eficiencia del mercado, verdaderamente, indica la eficiencia de la población para servir a los privilegiados, y el bienestar de la población es más propenso a bajar según crezca la eficiencia. Para la micro democracia, cómo transferir la propiedad económica hacia la utilidad social es un asunto que merece la mejor atención. Específicamente, cómo hacer que el porcentaje más amplio de la población sea el beneficiario de la prosperidad económica, cómo dar a la gente una voz razonable en la distribución de los recursos materiales y cómo encontrar el equilibrio entre la eficiencia económica y la justicia social.

Para resolver el problema anterior, la micro democracia divide la propiedad privada en dos categorías: *Objetos Personales*, los cuales se encuentran dentro del alcance de los derechos humanos institucionales, y *Activos Personales*, los cuales están bajo la cobertura de los derechos humanos de bienestar. El primero se refiere a las propiedades privadas para cubrir las necesidades de la vida diaria de los ciudadanos, como las casas en las que viven, los autos que comúnmente manejan, cosas coleccionables que son importantes para ellos, o cualquier otro elemento personal de uso diario. Están protegidos por la constitución y les proporcionan a los ciudadanos pesos electorales adicionales. Los últimos se refieren a los materiales de producción y a las propiedades de los ciudadanos a través de los cuales obtienen ganancias, así como otras propiedades privadas que no se categorizan como objetos personales. Están protegidos por las leyes comunes y no proporcionan ningún peso electoral adicional a los dueños directamente. Sin embargo, mediante el diseño de leyes comunes regionales, los ciudadanos pueden determinar la forma y el grado de protección para aplicarles, para poder definir el punto de balance de la eficiencia económica y la equidad social. Existen razones para pensar que las regiones que ofrecen mejor protección de los activos personales atraerán más inversión y, por consiguiente, es más probable que se conviertan en la opción final de la población en la mayoría de las áreas. Sin embargo, lo contrario puede suceder cuando la excesiva protección de los activos corroe los derechos e intereses de los ciudadanos ordinarios, causando que las personas, eventualmente, abandonen algunas políticas. Esta libertad de elección permite que las personas experimenten, en algunas regiones, con otros modelos económicos o diferentes estilos de vida, ya sea la búsqueda espiritual, la igualdad absoluta u otras ideologías más allá de nuestra imaginación. Bajo esta infraestructura social unificada, eventualmente, diversos modelos económicos, culturales y de estilos de vida serán capaces de coexistir y competir pacíficamente.

Libertad Migratoria

Para la micro democracia, la libertad migratoria de los ciudadanos tiene mandatos tanto morales como técnicos.

La riqueza del mundo viene, generalmente, de dos orígenes: robos y creaciones. Las personas no crearon la tierra, el océano, el espacio y los recursos naturales, así que, la posesión de estos solo se puede alcanzar a través de robos violentos y la herencia del botín. Aunque la realidad histórica no se puede cambiar, uno no puede negar que este robo es brutal y primitivo. La injusticia y la inmoralidad siempre estarán ligadas con el botín y serán pasadas a los herederos. Los tiempos que ahora vivimos necesitan nuevas ideas y reglas para alcanzar el nivel de desarrollo de la sociedad, para que la humanidad sea capaz de evolucionar de la barbarie a la civilización.

Entonces, ¿cómo las personas pueden ser dueñas, legítimamente, de la riqueza no creada? Sobre este asunto, se tienen diferentes puntos de vista en diferentes etapas de la civilización y varios sistemas de economía política. Debido a que la meta final de la micro democracia es la maximización total de la utilidad social, su primer objetivo es permitirles a los ciudadanos una misma oportunidad para obtener la mayor felicidad de esa riqueza. En principio, las personas deben tener los mismos derechos para usar la riqueza no creada y sus derivados. La tierra no es la excepción, pues es el tipo más importante de dicha riqueza y el foco de atención de las personas. La mayor alegría que la tierra puede producir viene de aquellos ligados directamente a ella. El reconocer los privilegios de los residentes y ocupantes, motivar y proteger los derechos igualitarios para que las personas establezcan tales relaciones directas con la tierra, tiene un significado especial para la micro democracia. Algunas personas pueden haber heredado las tierras desde el nacimiento. Sin embargo, a menos que pasen tiempo acompañando las tierras, ellos no pueden producir el mismo grado de apego emocional comparado con aquellos que realmente son residentes. La propiedad de la tierra separada de la vida personal, casi siempre se remonta a robos violentos y especulaciones. Es inmoral y desigual en su raíz, por lo que, en última instancia, es tóxico para el utilitarismo social y no será reconocido por la micro democracia.

Para cualquier tierra en particular, aquellos que viven en ella y la acompañan, merecen los derechos más altos de disposicion y beneficios. Ellos toman las decisiones relacionadas a ella y sufren las consecuencias directas; de ahí que el poder y la responsabilidad están, lógicamente, ligados a ellos. Debido a que todas las personas tienen los mismos derechos, la libertad migratoria se convierte en un prerrequisito natural para que las personas puedan ejercitar este derecho de manera verdadera y equitativa.

En el tema de la migración, dos contradicciones prominentes son evidentes. Primero, muchos de los residentes originales poseen actitudes de rechazo hacia nuevos inmigrantes y obstaculizan su llegada para que los residentes originales puedan continuar monopolizando los recursos locales y disfrutando los beneficios. Por otro lado, los nuevos inmigrantes normalmente ganan el mismo bienestar social y poder político que los residentes originales tan pronto como se instalan. Cuando muchos nuevos inmigrantes se juntan al poco tiempo en grupos políticos, pueden formar una influencia política fuerte y propiciar cambios políticos radicales a la región. Este tipo de impacto a corto plazo puede causar, probablemente, un declive del bienestar social temporal y discordia en la región. Estos problemas prácticos han llevado a muchos a cuestionarse y oponerse a la libertad migratoria, y estas dudas no son irracionales. Afortunadamente, la micro democracia proporciona la solución. Con los pesos electorales adicionales basados en el historial de residencia, la micro democracia les da a los residentes originales un poder de toma de decisiones más alto sobre los asuntos regionales. Ellos pueden elegir diseñar el bienestar social de una manera que sea más beneficiosa para ellos y así poder mantener un estilo de vida más estable. Separando los derechos humanos de bienestar de los institucionales, incluso si algunos derechos humanos de bienestar pueden favorecer a los residentes originales, esto no obstaculizaría la entrada libre de nuevos inmigrantes. El sistema micro democrático siempre protegerá los derechos humanos institucionales de los inmigrantes, para que ellos se sientan seguros comenzando una nueva vida con paz mental. Como tal, el balance perfecto entre la libertad migratoria y la estabilidad social puede ser alcanzado, siendo abordadas todas las preocupaciones centrales de las personas.

¿Usarán los residentes originales la ventaja del peso electoral para obstruir la migración o discriminar a los nuevos inmigrantes? Sí puede pasar, pero solo levemente. Primero que nada, las leyes comunes regionales no tienen autoridad para sustituir los derechos humanos institucionales protegidos por la constitución. Por consiguiente, no ejercen efecto sobre la seguridad de los nuevos inmigrantes, los materiales de subsistencia personal y objetos personales, la libertad migratoria, y otros derechos humanos institucionales que se mencionarán posteriormente. Aunque los residentes originales pueden impulsar leyes en favor de sus estilos de vida e intereses, bajo la restricción de los derechos humanos institucionales, es imposible que las leyes locales sean demasiado severas en contra de los inmigrantes. El sistema micro democrático se refiere a este mecanismo como no solamente razonable, sino también beneficioso, pues cuida apropiadamente las emociones acumuladas por los ciudadanos a través del tiempo. Los nuevos inmigrantes, con el paso del tiempo, gradualmente, se convertirán en una nueva generación de residentes "originales" de la región y, por lo tanto, ganarán más poder de toma de decisiones con un peso electoral adicional en la región con la escala más justa e igualitaria: el tiempo. Además, sus historiales de residencia siempre son monitoreados y contados. Si deciden volver a sus regiones de residencia pasadas, acumularán el tiempo de residencia en esa región desde un punto de partida más alto y también obtendrán los pesos electorales correspondientes. Desde una visión holística del tiempo y el espacio, los migrantes y no migrantes son absolutamente iguales en la forma de obtener poder de toma de decisiones, excepto que los primeros distribuyen los pesos electorales a más regiones, mientras que los segundos los acumulan en un solo lugar. Es más, además del peso electoral relacionado con el tiempo, los ciudadanos también pueden obtener pesos electorales más altos a partir de las dimensiones del conocimiento y los intereses relevantes.

En los primeros días de las naciones micro democráticas, las personas que acaban de obtener la libertad migratoria pueden correr hacia sus ansiadas tierras de ensueño, causando una ola de migración y caos. Para mitigar este impacto, los gobiernos micro democráticos emergentes pueden implementar algunas restricciones de corto plazo sobre el flujo de personas, pero esta transición debe ser completada lo más pronto posible. Después del ruido inicial y la emoción, el flujo será moderado y ordenado y, eventualmente, se convertirá en la normalidad de la sociedad.

Además de moverse libremente entre asentamientos humanos, las personas tienen, indiscutiblemente, el derecho a migrar a zonas deshabitadas. Desafortunadamente, la mayoría de las regiones sin seres humanos del planeta no carecen de propietarios. Al arrebatar, heredar o comercializar con el botín, algunas personas y grupos reclaman la propiedad de esas tierras. Sin embargo, tales reclamos no tienen sentido para la micro democracia, ya que vivir de, en lugar de arrebatar, es la única forma legítima de autorizar el uso de la tierra y sus recursos naturales. Por tanto, todo el mundo tiene derecho a trasladarse a nuevos territorios y ganar poderes de toma de decisiones e intereses sobre ellos. Pero este tipo de derechos no son, de ninguna manera, privilegios exclusivos, ya que la tierra siempre será la mancomunidad de la humanidad.

Educación y Trabajo

El sistema micro democrático ofrece a los ciudadanos un peso electoral adicional basado en sus niveles de educación y experiencias laborales, lo que mejora la calidad de las decisiones. Para evitar que estos pesos electorales se vuelvan otro nuevo privilegio, el sistema debe proporcionar a los ciudadanos educación y oportunidades de trabajo incondicionales e igualitarias, en otras palabras, darles a las personas la oportunidad justa para ganarse dicho poder.

La mayoría de los países actualmente ofrecen algún nivel de educación obligatoria para niños, pero dejan la educación superior y la educación para adultos en manos de las instituciones comerciales. Las barreras académicas y financieras han hecho de la educación un lujo para la mayoría de los adultos y otra forma de inequidad. Bajo el sistema económico actual, la tasa de empleo afecta, directamente, la estabilidad de la sociedad y, algunas veces, hasta del régimen. Por lo tanto, una economía en crecimiento, que genera más empleos, se ha convertido en el principal indicador de desempeño del gobierno. Existe una creencia general que el incremento de la inversión y la estimulación del consumo son los dos instrumentos más poderosos para alcanzar esto. Basado en esta percepción, el gobierno les proporciona a los empresarios y capitalistas innumerables políticas y regulaciones favorables para atraer a los inversionistas, incluyendo los recursos públicos monopolizados, beneficios fiscales, subsidios, entre otros. El verdadero objetivo de estas medidas es vender los intereses públicos para ayudar a los capitalistas a seguir en la cumbre para explotar a los trabajadores, resultando en un incremento de la brecha entre el rico y el pobre, y una alianza más estrecha entre el rico y el poderoso. La brecha económica pronto se convertirá en una brecha política entre las élites y la clase trabajadora. Por otro lado, la estimulación ciega de la demanda ha llevado al consumismo, a un desperdicio colosal y a la destrucción de los recursos materiales, empujando el ecosistema de la tierra al borde del colapso. Al mismo tiempo, la cultura del entretenimiento y los anuncios comerciales inundan a la gente con tentaciones creadas de la nada, y al perseguir tendencias, la gente agotada pierde su capacidad de reflexión, complaciéndose en los infinitos deseos materiales.

Los avances científicos y tecnológicos y la aplicación de la automatización y la inteligencia artificial, están supuestos a servir a la sociedad y al pueblo. Irónicamente, en la realidad, estos se han convertido en una amenaza para la vida de las personas. Mientras las máquinas absorben los trabajos, más y más ciudadanos se han vuelto "personas inútiles"[7] en la economía de mercado. Los progresos tecnológicos se han convertido en el enemigo de los trabajadores. La respuesta típica del gobierno es cambiar el espacio de empleo hacia el sector de los servicios a un punto insostenible. Con la ayuda de la tecnología, un pequeño porcentaje del total de la fuerza de trabajo social ya es suficiente para satisfacer las necesidades materiales de subsistencia de toda la población. Al mismo tiempo, la mayoría de los trabajadores están en el sector servicio, exhaustos de servirse entre ellos para cumplir las necesidades innecesarias inventadas. Debido a que los requerimientos de destrezas en el sector servicio son muchas veces más bajos, la competencia por los trabajos es más intensa, lo que pone a los trabajadores en una posición de desventaja en las relaciones laborales. La tecnología moderna ya tiene la habilidad de alejar a las personas del trabajo pesado, para que puedan trabajar menos horas y disfrutar una vida más relajada; sin embargo, la realidad es que la mayoría de los trabajadores tienen que trabajar más horas y más años. La raíz de este absurdo se encuentra en las limitaciones inherentes del capitalismo y la economía de mercado: la ganancia en el capitalismo, principalmente, viene de la explotación de la mano de obra, y los trabajadores aceptan esta explotación porque tienen la necesidad de consumir, la cual es una característica importante que las máquinas no tienen. Cuando los capitalistas cortan a los trabajadores, también están reduciendo el tamaño y la capacidad de consumo de sus bases de consumidores potenciales y contraen su espacio de adquisición de beneficios. Por consiguiente, la mano de obra humana es un elemento indispensable para la operación del capitalismo, y el número creciente de "personas inútiles" causado por la tecnología moderna llevará a la inestabilidad social y amenazará a la misma económica de mercado. El resultado final es el fracaso del sistema económico, seguido por el declive y colapso de la sociedad capitalista, así como el levantamiento social y los desastres humanitarios. Por lo tanto, proporcionar un mejor modelo de operación económica y una estrategia de distribución de materiales para resolver esta crisis sistemática, así como darle a la condenada economía de mercado una segunda oportunidad de vida, se ha convertido en una tarea vital para el sistema micro democrático.

Redefiniendo el derecho a la educación e incluyéndolo en los derechos humanos institucionales, el sistema micro democrático puede resolver los problemas de la educación y la economía con una solución. No solo salvará la economía de mercado en declive, sino que también construirá una plataforma segura y estable para el surgimiento, la evolución y la transición pacífica de nuevos modelos de operación económica en el futuro.

El conocimiento ya asigna pesos electorales adicionales en el diseño de políticas, pues ayuda a mejorar la calidad de las decisiones. Pero más allá de la política, premiar el conocimiento es también la mejor inversión en toda la sabiduría social; la ganancia es un desarrollo de la civilización acelerado y una rápida acumulación de riqueza. Esto expande significativamente el potencial para mejorar la calidad de vida y la felicidad para toda la población, y hasta hace una diferencia en la vida y muerte de la humanidad. La solución de la micro democracia es traer la educación al alcance del empleo, convirtiendo el aprendizaje en una profesión, con el gobierno pagando por los esfuerzos y resultados de los estudios de los ciudadanos. Viendo que las opciones de toma de decisiones de alta calidad son una demanda que nunca serán colmadas, y como siempre habrá espacio y necesidades para que la tecnología y la cultura se desarrollen más, las vacantes para posiciones de estudiantes que la sociedad puede ofrecer son ilimitadas. Debido a que los recursos humanos, a diferencia de los materiales, son los suministros primarios para la industria de la educación, una escasez de materiales no bloquearía a la sociedad para proporcionar trabajos en educación. Así, el desempleo involuntario desaparecería para siempre.

La oferta ilimitada de trabajos de aprendizaje brinda una oportunidad para resolver las contradicciones económicas entre la robótica, la producción automatizada y el trabajo manual. Las máquinas ya no serán una amenaza para el sustento de los trabajadores, sino que se convertirán en ayudantes que liberan a las personas de las industrias tradicionales y les permiten participar en la educación de manera más conveniente y cómoda.

En principio, el gobierno en la micro democracia motiva a las personas a ampliar sus conocimientos en todas las direcciones, sin restricción. En la práctica, pueden existir algunas regulaciones administrativas para facilitar el estudio basado en las propiedades de la materia, así como para diseñar una estructura de incentivo razonable. Debido a que las personas siempre pueden tener los materiales de subsistencia personal, los ingresos de la educación no son para sobrevivir, sino para mejorar la calidad de vida. Considerando que la industria de la educación puede absorber una gran parte de la fuerza de trabajo, el estudiante es categorizado como una ocupación de bajo ingreso para reducir la carga financiera del gobierno y, también, mitigar el impacto en el acceso laboral sobre otras industrias. De hecho, los ingresos por aprender son solo una parte menor de los beneficios para los ciudadanos; la verdadera recompensa se encuentra en las calificaciones y oportunidades para acceder a los trabajos de alto ingreso en el futuro, así como la influencia social agregada con los pesos electorales adicionales.

En la sociedad micro democrática, el contenido de enseñanza debe ser imparcial y abierto para poder crear un espacio equitativo y seguro y que las diferentes ideas y perspectivas se desarrollen libremente. Aunque todavía existen distinciones entre las opiniones convencionales y alternativas, es decisión de los ciudadanos juzgar y decidir, de manera independiente, basados en la comparación y el análisis de toda la información. Convencional o no es un concepto estadístico, más que conclusiones oficiales de las autoridades académicas. Los puntajes de los exámenes determinan no solo el salario, sino también los pesos electorales que pesan significativamente en la política democrática, por lo que el fraude en los exámenes es un delito y enfrenta un castigo severo.

Los canales para aprender serán diversos. Además de las escuelas tradicionales, la educación por internet y la tecnología de realidad virtual permiten que los estudiantes aprendan cuándo sea y dónde sea. Su conveniencia y economía hace que sea la preferida del gobierno. Lo cierto es que, siguen existiendo situaciones, como la educación de los menores, las actividades que requieren una colaboración grupal, y las materias que requieren experimentos y operaciones de campo, etc., donde el gobierno necesita proporcionar los recursos necesarios. La función de las escuelas también cambiará. Las escuelas de ingreso son similares a las escuelas primarias y secundarias actuales, pero ya no son obligatorias, por lo que los padres pueden hacer arreglos individuales sobre el tiempo, el lugar y los métodos de educación de sus hijos. Sin embargo, como las escuelas de ingreso pueden brindar atención segura y cuidadosa a los jóvenes y facilitarles la obtención de los ingresos correspondientes ("estudiante" es la única ocupación permitida para los menores), esta sigue siendo la opción más sabia para la mayoría de los padres. Dado que el gobierno fomentará el aprendizaje a lo largo de toda la vida y los exámenes tendrán una influencia significativa en la política democrática y la gobernanza social, el gobierno se hará cargo, por completo, de las evaluaciones y la calificación académica. Las universidades ya no son autoridades educativas oficiales, sino que funcionarán como empresas que facilitan el aprendizaje, de forma eficaz e integral, a los adultos. Otras instituciones educativas comerciales, más pequeñas, serán más activas y estarán más disponibles. Su valor radicará en proporcionar mejores y especializados recursos, ayudar a las personas a aprobar exámenes o enseñar los conocimientos y habilidades que aún no ofrece el sistema de enseñanza oficial.

Previamente, tomamos a *Vianland* como ejemplo para demostrar cómo los individuos con licenciaturas, maestrías y doctorados reciben pesos electorales adicionales correspondientes. En la realidad, las universidades ya no tendrán la función de otorgar títulos; más bien el gobierno estará a cargo de las evaluaciones de nivel académico. El sistema de títulos puede experimentar reformas importantes en las sociedades micro democráticas y, en consecuencia, pueden aplicarse varias reglas para los pesos electorales adicionales.

Esta es una categoría especial de la educación llamada *Educación Cívica Básica* que cubre todas las destrezas necesarias para que los ciudadanos participen en las actividades democráticas de toma de decisiones, generalmente incluye el idioma, matemática básica, la lógica, el conocimiento general de la sociedad y la naturaleza y los principios de la micro democracia. Dominar estas destrezas es un prerrequisito para la comprensión adecuada, analizando el contenido y las reglas en la toma de decisiones democrática, lo que será el contenido de enseñanza principal de las escuelas de ingreso. Como fue mencionado anteriormente, las personas también pueden elegir aprenderlas utilizando formas alternativas, siempre que pasen el examen de certificación oficial. Una vez certificados, los ciudadanos adquieren el derecho de participar en todas las actividades políticas. La edad ya no es una condición para votar. Es completamente posible para adolescentes con una sensata comprensión trabajar duro y ganarse el derecho al voto mucho antes de los 16 años. Para aquellos con capacidades defectuosas de razonamiento, o simplemente haraganes, ser mayor de edad no los califica automáticamente para votar. Aclarado esto, es importante enfatizar que este certificado no es un prerrequisito para que los ciudadanos puedan disfrutar los derechos humanos institucionales y otros derechos humanos de bienestar aplicables.

En los sistemas actuales, debido a la limitación de recursos, la mayoría de los ciudadanos adultos que desean continuar aprendiendo son impedidos para acceder a la educación superior. De acuerdo con estadísticas de las Naciones Unidas[8], incluso en países desarrollados, el periodo de educación per cápita es tan solo 12 años, lo que limita el avance de la ciencia, la tecnología y la cultura. El hecho es que, la ciencia y la tecnología actual ya son capaces de liberar a una fuerza laboral masiva de trabajos de bajo nivel y permitirles estudiar y contribuir mejor al desarrollo de la civilización. La barrera principal para esta transformación son las razones económicas: utilizar equipos caros de alta tecnología para reemplazar mano de obra barata y repetitiva de trabajadores con pocas destrezas no tiene sentido según la economía de mercado de hoy. Además, bajo las actuales reglas de distribución social, esto incluso plantearía una amenaza directa a las vidas de los trabajadores poco educados. Por consiguiente, el modelo de distribución social debe cambiar para proporcionar seguridad económica a los trabajadores con pocas destrezas para aprender y actualizarse a recursos humanos más valiosos para la economía y la sociedad. Y la brecha de la fuerza laboral causada por estas transformaciones hará que sea rentable desempeñar y reemplazar estos trabajos repetitivos, que ya no siguen siendo baratos, con tecnología moderna. De este modo, se forma un círculo virtuoso, promoviendo continuamente, de abajo hacia arriba, la mejora de la fuerza laboral y circulando este proceso a través de toda la sociedad. Dado que la población activa en la parte inferior suele ser la más numerosa, este camino de liberar la capacidad intelectual humana será el más económico y eficiente.

Sin duda, la retirada repentina de grandes cantidades de trabajos desde abajo dañará la economía y la sociedad. Así que, en la primera etapa, la recompensa por el aprendizaje debe comenzar siendo muy baja, luego debe ser incrementada, gradualmente, según vaya avanzando el proceso, y finalmente alcanzando el balance ideal entre la productividad y la enseñanza laboral. Algún día, la productividad de la sociedad será tan eficiente que solamente algunos trabajadores podrán producir suficientes materiales para toda la sociedad, y la mayoría de la población se dedicará al estudio y a la investigación como carreras para toda la vida. Los humanos harán aquello que hacen mejor y que las máquinas son incapaces de hacer, imaginar y crear.

Derecho a Saber

En el análisis final, la toma de decisiones es el procesamiento de la información: entender la situación recolectando e interpretando la información, analizándola para establecer las expectativas de los resultados para diferentes planes y escenarios, y finalmente tomar una decisión, ya sea sobre asuntos personales o políticas nacionales. Quien controle el suministro de información, también controla el resultado de las decisiones. Para aquellos afectados y ejecutores, la información también determina, grandemente, sus actitudes y respuestas, y subsecuentemente los resultados finales. Para la política, la ventaja de la información es un suplemento poderoso de la fuerza; su fortaleza es, a menudo, mucho más importante que la simple violencia. En un régimen autocrático, el control del gobernante del poder de toma de decisiones depende principalmente de la fuerza, y controlar poderosamente la información hace que la gobernanza sea más fácil y eficiente. En la era de la democracia, la importancia de la fuerza en el gobierno está relativamente debilitada, coronando a la información como el verdadero maestro del poder. Los manipuladores de la información, cuidadosamente, esconden estos hechos para poder disfrutar sus privilegios secretamente. Con sus intrincadas redes de medios noticiosos, alimentan con desinformación al pueblo y montan espectáculos de enfrentamientos y debates entre los políticos que engendran, que son tan falsos como la lucha libre profesional. Todos estos trucos de entretenimiento sirven para solo un propósito: crearles a las audiencias la ilusión de que ellos son los testigos y jueces de la verdad, ignorando que son las víctimas de la manipulación de la información. Porque en realidad esto es muy feo; los gobiernos usan los llamados secretos de estado como excusas para mantenerlos fuera del plano público. En este punto, la toma de decisiones se ha desviado completamente de su intención ideal y original y se ha convertido en un narcótico de moda. Mientras el manipulador infunda la información "correcta" en las mentes del pueblo, ellos pueden obtener cualquier decisión que quieran de la democracia. El llamado nivel de democracia de los países es en realidad la puntuación de sus habilidades teatrales y de infundir información. Ahora que la información es tan importante, el derecho a saber es la piedra angular de la autenticidad de la democracia, y uno de los derechos humanos institucionales más importantes de la micro democracia. Cualquier disfraz, fraude o encubrimiento, debe ser tratado como un crimen intolerablemente grave en una sociedad genuinamente democrática.

Hablando estrictamente, no tiene nada de malo venderle ideas al pueblo. La persuasión honesta y el debate pueden ayudar a las personas a entender mejor las diferentes perspectivas y a hacer juicios acertados. Sin embargo, el ocultamiento intencional y la difusión de información falsa es un acto de malicia, lo que es un caso totalmente diferente. Desafortunadamente, los dos comportamientos anteriores son idénticos bajo las condiciones políticas existentes. Solo con cambios radicales, garantizando a los ciudadanos un poder absoluto sobre la información, es que el pueblo puede poseer la verdad.

Bajo el sistema micro democrático, el gobierno es obligado a difundir toda la información pública, sin condiciones ni reservas y de manera proactiva. Es considerado un crimen que los oficiales gubernamentales escondan, manipulen u omitan información pública, ya sea apropósito o por negligencia. Sin embargo, los requisitos de autenticidad de la información no se limitan a los funcionarios, sino también a los ciudadanos comunes. Si el editor solo divulga información errónea de manera involuntaria, está obligado a corregirla abiertamente tan pronto como tenga conocimiento de la información más precisa. Además, la información publicada en los canales formales debe clasificarse claramente en especulaciones, opiniones, etc., para evitar interpretaciones inexactas por parte de las audiencias.

En la sociedad actual, las organizaciones de noticias populares y las plataformas de información son, a menudo, controladas y monopolizadas por la clase gobernante y los grupos de intereses especiales a través de medios administrativos y financieros. Ellos usan este instrumento para infundir un abrumador volumen de información y opiniones en las personas. Esta información no solo es fuertemente sesgada, sino también, completamente falaz. Aun si la información es ocasionalmente correcta, puede ser mal presentada y finalmente termina siendo malinterpretada. Para mitigar tales efectos, un sistema de índice de información oficial neutral puede ayudar al público a adquirir información completa y rastrear sus fuentes. Además, para las actividades de toma de decisiones, un canal oficial puede brindar a todas las partes una plataforma para la comunicación pública, especialmente para aquellos que están en desventaja en la influencia de los medios. Por ejemplo, el gobierno de *Vianland* tiene una página web oficial para apoyar la toma de decisiones democrática, dicha página permite que el vocero jefe de cada opción de voto suba un video de 20 minutos máximo y 20 páginas de texto y gráficos para ampliar y promover sus posiciones.

Cuando todos los derechos humanos institucionales anteriores trabajan juntos, alcanzarán los mejores resultados, maximizando la igualdad social y la utilidad, además de proporcionar decisiones de alta calidad. Sin embargo, incluso si solo está equipado con un subconjunto de estos derechos humanos institucionales, un país con micro democracia todavía supera con creces a las democracias representativas de hoy, en términos de felicidad y bienestar de las personas. Según el análisis anterior, las capacidades científicas y tecnológicas actuales y la riqueza material pueden sustentar adecuadamente todos los derechos humanos institucionales. Sin embargo, situaciones repentinas de crisis temporales que provoquen pérdidas en los materiales sociales o un consumo masivo, pueden comprometer su capacidad para mantener todo el conjunto de derechos humanos institucionales, esto significa que algunos derechos humanos deben ser, temporalmente, suspendidos o reducidos. O, como resultado de ciertos casos extremos con las guerras, es necesario sacrificar temporalmente algunos derechos humanos institucionales para proteger aquellos de mayor importancia.

Por ejemplo, en tiempos de guerra, una enorme cantidad de material social puede ser dañando o requerido para la preparación de la guerra, lo que puede afectar los derechos al material de subsistencia personal y los objetos personales. Además, la movilización y el despliegue para la guerra pueden restringir los derechos a la decisión sobre los asuntos personales y la libertad migratoria. Para poder tener éxito en las operaciones militares, usualmente es necesario tener un amplio margen de secretismo y engaño para confundir al enemigo, llevando a la cancelación del derecho de las personas a saber. Otros ejemplos incluyen la restricción de la movilización de las personas a lo largo de las regiones en caso de una pandemia, o la reducción de los derechos al material personal en caso de un desastre natural severo. No es difícil imaginar que cuando ocurre una crisis como la antes mencionada, el derecho a la educación también es probable que se suspenda temporalmente, ya que la fuerza de trabajo está desplegada en las batallas para defender al país y las vidas humanas. De hecho, en la mayoría de situaciones críticas, no solo se verían comprometidos los derechos humanos, sino también el mecanismo de toma de decisiones, el cual puede ser cambiado a un modo colectivo, o hasta autocrático, temporalmente. Al dejar de lado el principio de prioridad individual, la nación puede aprovechar las ventajas colectivas para superar las amenazas inmediatas.

El sistema micro democrático debe preparar mecanismos para evitar crear, continuar y expandir las crisis innecesariamente, protegiendo el fundamente económico de la sociedad libre. Cuando ocurren las crisis, también debe ser muy cuidadoso con aquellas medidas que reducen los derechos humanos institucionales. La meta es priorizar los mecanismos de restauración, para que después del alivio de la crisis, la sociedad pueda ser capaz de regresar a su estado normal de micro democracia de manera automática, confiable y fácil. Tal diseño es uno de los contenidos centrales de la constitución de la micro democracia y una parte obligatoria de la educación cívica básica.

Además, cuando se organizan restricciones temporales para imponerse a los derechos humanos institucionales, existe un principio básico: sacrificar aquellos derechos humanos institucionales secundarios para darle la prioridad a los más críticos. Basado en su importancia, los derechos humanos institucionales pueden ser clasificados en tres prioridades:

Primera prioridad:
- Seguridad y libertad personal
- Poderes de decisión relacionados con los asuntos personales
- El derecho a saber

Segunda prioridad:
- Material de subsistencia personal
- Objetos personales

Tercera prioridad:
- Educación y trabajo
- Libertad migratoria

Tomando a *Vianland* como ejemplo, su constitución estipula que, en el caso de grandes crisis sociales, las restricciones temporales sobre los mecanismos de toma de decisiones micro democráticos y derechos humanos institucionales solo pueden ser autorizados por resoluciones votados por todas las personas. El periodo máximo de validez para dichas resoluciones es de tres meses. Cualquier extensión debe ser aprobada de nuevo mediante el voto de toda la población, con un máximo de tres meses cada vez. También, las restricciones de los derechos humanos institucionales deben ser las menos posibles y deben ser seleccionadas en un orden de prioridad de abajo hacia arriba. En particular, el derecho a saber no debe ser limitado excepto en escenarios de guerra. Una vez que el periodo de validez haya terminado, los mecanismos micro democráticos y los derechos humanos institucionales deben ser restaurados completamente de manera automática, y toda la información que fue clasificada como confidencial durante el tiempo de guerra debe ser publicada.

Capítulo 5 **Leyes**

Las leyes son códigos de conducta social mantenidos por las autoridades políticas con fuerza. Se dividen en tres categorías:

1. Requerimientos de comportamiento opresivos que reflejan la voluntad del grupo gobernante
2. Convenciones sociales naturalmente derivadas de valores compartidos por las masas
3. Protocolos técnicos neutrales

En términos generales, las dos últimas son complementarias con los deseos e intereses de las personas. Por consiguiente, en su mayoría, las personas están dispuestas a reconocerlas, respetarlas y cumplirlas. Al contrario, aquellos requerimientos de comportamiento opresivos, inevitablemente, serán rechazados por el oprimido. Cuanto mayor sea la proporción de requerimientos opresivos en la ley, y cuanto más duros sean, más feroz será el contraataque del pueblo, y después el gobierno dependerá más de las leyes de orden público. En otras palabras, la escala y la fuerza del poder judicial coercitivo se relaciona positivamente con la proporción de las cláusulas opresivas en las leyes. Basado en esto, las personas generalmente pueden inferir el nivel de desarrollo y autenticidad de la democracia para una nación determinada.

En una sociedad ideal, la legislación y las opiniones públicas son muy armoniosas y las personas cumplen con la ley espontáneamente. Las verdaderas fuerzas que respaldan tales leyes son el bienestar de la humanidad, el sentido de justicia, el sentido de vergüenza, y el poder coercitivo del poder judicial ocupa el segundo lugar. Pero esto sucede solo después de que la primera categoría de leyes, mencionadas anteriormente, sea eliminada. Este es, exactamente, el caso de la micro democracia.

Dado que todos los ciudadanos pueden votar directamente, ya no existe lugar para la clase de élite en la estructura política y, por lo tanto, esos requerimientos de comportamiento opresivos, definidos como la primera categoría de leyes, desaparecerán con esas élites de grupos gobernantes.

La búsqueda de la utilidad social determina la causalidad entre la opinión pública convencional y las disposiciones legales. Entonces, la segunda categoría de leyes constituirá la mayoría de las leyes comunes en un país micro democrático. Debido a que las convenciones de comportamiento social tienden a formarse de manera espontánea y dinámica, siguen ciclos de vida específicos. Las diferencias de las convenciones en diferentes regiones, culturas, costumbres y religiones son inevitables. Las reglas de los pesos electorales adicionales combinadas con el libre flujo de personas, resultan en la característica regional y dinámica natural de estas leyes. Es exactamente lo contrario a la universalidad y la unidad que vemos en los modernos sistemas legales nacionales; también, es la principal diferencia entre los sistemas legales de la micro democracia y los del primer sistema mencionado.

Las constituciones micro democráticas son el ejemplo más obvio de las leyes de la tercera categoría. Consisten en protocolos técnicos neutrales con dos partes principales: la primera aborda la protección de los derechos humanos institucionales, que garantiza que los sujetos de decisión puedan expresar sus voluntades de manera independiente y auténtica en las actividades democráticas. La segunda parte se refiere a los códigos de operación democráticos, que garantizan que la toma de decisiones que se realiza sea ordenada y productiva. Juntos, construyen una plataforma democrática de toma de decisión que es absolutamente neutral. No presupone el contenido, ni interfiere en las conclusiones, maximizando la autodeterminación de los ciudadanos. Correspondiente a las dos partes, la *Ley de Protección de Derechos Humanos Institucionales* y la *Ley de Toma de Decisiones Democrática* son las dos principales leyes constitucionales del sistema micro democrático.

La tercera categoría de leyes también incluye otros protocolos operativos y especificaciones técnicas que regulan las vidas diarias, como leyes de transporte, leyes de contratos, leyes de divisas, leyes de educación, leyes de seguridad pública, etc. Se aplican a todos los ciudadanos a nivel nacional y, por lo tanto, se denominan *Ley Común Nacional* o *Ley Nacional* para abreviar. Debido a sus grandes influencias y la necesidad de una gran estabilidad, los contenidos deben limitarse al mínimo necesario y mantener una posición neutral para reducir la frecuencia de enmiendas.

Otro diseño crítico del sistema legal micro democrático es la separación de definiciones de cláusulas legales y sanciones. Tome las leyes constitucionales y nacionales como ejemplos; sus artículos legales estipulan aquellos actos obligatorios y prohibidos, pero omiten las sanciones por violaciones. Esto se debe a que las características conceptuales de los actos perseguidos por la ley son relativamente claros y estables, pero la determinación del castigo requiere muchas más consideraciones detalladas como complicadas clasificaciones de violación, criterios de condena y estándares de sentencia. Separar la definición, relativamente simple, de las características de los actos y los métodos de castigo más tediosos e inconstantes facilitará la gestión y uso de las leyes. Bajo este diseño, cada ley se acompañará de una *Guía de Penalización* como documento suplementario, el cual puede ser revisado de manera independientemente según los procedimientos de la micro democracia. Por ejemplo, para las leyes constitucionales, habrá una *Guía de Penalización para la Ley de Protección de los Derechos Humanos Institucionales* y una *Guía de Penalización para la Ley de Toma de Decisiones Democráticas* como documentos suplementarios. La misma regla se aplica a otras leyes. Por ejemplo, para la *Ley de Tránsito*, habrá una *Guía de Penalización para la Ley de Tránsito* correspondiente.

Las guías de penalización especifican el criterio de condena, así como los castigos por violaciones. Estos castigos se pueden definir como específicos y fijos, o como un rango flotante. Cuando es un rango, se le puede hacer enmiendas mediante la legislación local en cada subregión, con un rango de castigo reducido. Por ejemplo, el contenido de las leyes constitucionales y naciones y sus rangos de penalización a nivel nacional son formulados por toda la población del país. Debido a que el contenido permanece intocable en las subregiones, las personas aún pueden ajustar y perfeccionar los castigos a nivel regional, pero los estándares de castigos locales nunca entrarán en conflicto con los de nivel nacional.

Por ejemplo, en *Vianland*, la *Guía de Penalización para la Ley de Protección de los Derechos Humanos Institucionales* a nivel nacional define el criterio de condena y penalidades por el delito de robo: robar pertenencias personales por el valor de 1,000 a 10,000 dólares se castiga con 7 a 180 días de cárcel. En regiones sin enmiendas adicionales definidas, las sentencias por dichos delitos pueden caer en cualquier lugar dentro de este rango. En una subregión A, debido a la influencia religiosa y cultural, la población local tiene un fuerte resentimiento por tales crímenes. Mediante el procedimiento micro democrático, las personas pueden publicar una enmienda: *Guía de Penalización para la Ley de Protección de los Derechos Humanos Institucionales - Revisión para la región A*. En esta revisión, el rango de penalidad fue definido de 90 a 180 días. Esto significa que, para tal delito cometido en esta región, la sentencia minina se eleva a 90 días en prisión. Además, dentro del territorio de la región A, hay una ciudad A1 con buenas condiciones económicas. Debido a que, 10,000 dólares es una suma relativamente pequeña para los locales, las personas deciden revisar el rango de sentencia de 90 días a 120 días con un nuevo documento legal: *Guía de Penalización para la Ley de Protección de los Derechos Humanos Institucionales - Revisión para la Ciudad A1*. Esto reduce la sentencia máxima por tales delitos. Sin embargo, la penalidad mínima se mantiene sin cambios para evitar conflictos con el conjunto estándar para la región A. Como se muestra en los ejemplos, los rangos de penalidad se reducen a medida que las regiones se hacen más pequeñas, por lo que las personas mantienen control sobre las medidas de castigo de las leyes.

Además de la constitución y las leyes nacionales, cada región puede establecer una *Ley Común Regional* o *Ley Regional* para abreviar. Las leyes regionales se dividen en dos categorías: derechos humanos de bienestar regional y regulaciones administrativas locales.

En comparación con los derechos humanos institucionales, las características más distintivas de los derechos humanos de bienestar son su relatividad y naturaleza fluida. Por ejemplo, al legislar las leyes regionales de derechos humanos de bienestar, las regiones económicamente desarrolladas pueden ofrecer a los residentes un mayor estándar de asistencia financiera, mejores condiciones de trabajo, menos horas laborales, más vacaciones, etc. Tales estándares pueden ser demasiado costos para otras regiones económicamente pobres. Sin embargo, en situaciones de recesión económica o desastres naturales, puede ser que estas regiones desarrolladas tampoco sean capaces de mantener los derechos humanos de bienestar que alguna vez proporcionaron. En otros casos, algunos derechos humanos de bienestar pueden originarse de tradiciones religiosas y costumbres. Cuando el entorno social y cultural cambia, surge la necesidad de reformar los derechos humanos de bienestar correspondientes. Para las situaciones anteriores, el proceso de toma de decisiones de la micro democracia proporciona una solución para normalizar el ajuste dinámico de los derechos humanos de bienestar.

Los derechos humanos de bienestar proporcionados por las leyes regionales pueden modificarse en cualquier región a cualquier nivel. En contraste con la regla de arriba-abajo y reducida del rango de penalización, los derechos humanos de bienestar de las regiones de nivel inferior solo pueden mejorar los estándares o ampliar los alcances de las regiones de nivel superior, en vez de degradarlos. Por ejemplo, si la región B en

Vianland estableció la regulación de la semana laboral de cinco días, entonces en su ciudad subordinada B1, los residentes pueden optar por elevar los estándares a cuatro días laborales a la semana o ampliar sus normas para limitar las horas de trabajo diarias. Sin embargo, esta ciudad no puede hacer que los derechos humanos de bienestar local entren en conflicto con sus regiones de nivel superior, como las que degradan el estándar a seis días laborales a la semana.

Al igual que las leyes nacionales, las leyes regionales también siguen el principio de separar el contenido de la cláusula legal y las penalidades. Las penalidades también pueden ser revisadas de manera independiente según los procedimientos micro democráticos, y de nuevo, el rango de penalización de las regiones de nivel inferior debe estar dentro del rango de los niveles superiores.

Las leyes regionales no deben entrar en conflicto de ninguna manera con la constitución y leyes nacionales, incluyendo cómo formulan las penalidades. Por ejemplo, actos delictivos que violan las leyes constitucionales están violando los derechos humanos institucionales de los ciudadanos o ponen en peligro las instituciones que los protegen (como el sistema central de la micro democracia). Siguiendo el principio de equivalencia general y proporcionalidad, el castigo debe estar dirigido, igualmente, en contra de los derechos humanos institucionales de los criminales, que suele consistir en privarlos de la libertad, es decir, encarcelamiento. Sin embargo, para aquellos actos que violan únicamente derechos humanos de bienestar, los violadores no deben ser castigados eliminando sus derechos humanos institucionales, protegidos por la constitución. Para evitar esta situación, los castigos de las leyes regionales deben limitarse a perseguir los derechos humanos no institucionales, generalmente en forma de penalidades económicas como multas o la privación de los derechos humanos de bienestar local.

Las diferencias en las funciones de los derechos humanos institucionales y los derechos humanos de bienestar determinan la condición diferente de las leyes a las que se ajustan. Las leyes nacionales juegan un papel más importante en el funcionamiento del sistema micro democrático y, por consiguiente, deben ser estrictamente aplicadas por el gobierno y el poder judicial utilizando acciones legales proactivas: cualquier violación debe ser procesada de manera incondicional. En cuanto a las leyes regionales, los residentes locales pueden decidir cómo aplicar estas leyes: tanto como casos penales iniciados por el poder judicial local o como demandas civiles que van a los tribunales.

En el sistema de derecho civil[1] y el sistema de derecho marítimo[2] actuales, los principios para la determinación de los delitos son diferentes. El primero enfatiza la interpretación de los textos legales y se esfuerza por asegurar que el juicio refleje, con precisión, la intención original de los legisladores; el último enfatiza las referencias de los precedentes anteriores para complementar y mejorar los detalles legales, de modo que los estándares de la sentencia entre los casos sean justos y consistentes. En general, para leyes recientemente promulgadas, debido a la falta de jurisprudencia previa, la interpretación de las leyes juega un papel más importante. Sin embargo, cuando las disposiciones legales no son muy claras, las diferentes interpretaciones conducirán a inconsistencias o incluso contradicciones. Entonces, para leyes promulgadas desde hace mucho tiempo, referirse al precedente es, generalmente, más justo. Aun así, una vez que se forman precedentes irrazonables para situaciones específicas, esta irracionalidad será heredada a casos posteriores, produciendo convenciones obsoletas y, a veces, ridículas.

El sistema micro democrático le permite al pueblo crear, revisar y derogar las leyes de forma más activa y frecuente. Hace que la validez de la versión legal dure un tiempo relativamente más corto, y el número de precedentes será relativamente más pequeño. En este caso, la interpretación de los textos legales suele ser la primera opción para manejar los casos. Por lo tanto, incluso si el texto de la ley es ambiguo, los precedentes acumulados todavía pueden ayudar. Sin embargo, una vez reformada la ley, los precedentes acumulados contra la versión anterior deben desecharse y comenzar de nuevo. Esta regla proporciona a los ciudadanos una forma efectiva de corregir inadecuados precedentes legales. Cuando el pueblo descubre que los precedentes se desviaron de la intensión original de la legislación, volviéndose absurdos o ya no reflejando la opinión pública, las personas pueden, entonces, iniciar enmiendas a través de los procedimientos micro democráticos y emitir una nueva versión.

La estabilidad y universalidad de las leyes ayuda a las personas con su planificación a largo plazo, y también a predecir con precisión las consecuencias de sus propias acciones, así como las conductas de los demás. Sin embargo, la importancia de la estabilidad es exagerada y, a menudo, utilizada por las clases gobernantes e intereses establecidos para mantener el orden existente, haciendo extremadamente difícil el poder modificar y mejorar esas reglas irrazonables y obsoletas. Esta estabilidad también crea la ilusión de que este orden artificial es tan absoluto e incuestionable como las leyes de la naturaleza. Bajo esta ilusión, las personas son persuadidas a ceder ante el statu quo, aunque pueda estar lejos de sus voluntades o intereses. Por otro lado, las personas intentan usar la universalidad de las leyes para juntar diversas ideas sociales y costumbres en el mismo molde, pero el resultado es que la comunidad dominante obliga a otras minorías a someterse, o que todas las comunidades cedan. Aunque es difícil evitar completamente estos problemas, un elegante diseño de diversidad jerárquica puede ayudar a reducirlo sustancialmente.

Los sistemas legales micro democráticos intercambian la utilidad social por el precio de la estabilidad y universalidad reducida. En teoría, esto parece afectar la capacidad de las personas para anticipar los resultados de los comportamientos y hacer planes a largo plazo. La verdad, es que desviará la atención de las personas de las disposiciones legales a la raíz de las leyes: la voluntad popular. Por lo tanto, aunque las leyes, (principalmente las leyes regionales) tienden a ser revisadas con más frecuencia, los cambios en las leyes no son realmente impredecibles. Debido a que las leyes reflejan los valores y deseos de las personas de manera más fiel, los individuos que viven en la sociedad siempre pueden aprender la dirección general de las leyes cercando las relaciones y actividades sociales. Además, cuando una ley se aprueba por votación, el radio de ventaja del peso electoral del lado ganador indica directamente la dificultad y la posibilidad de que sea anulada o revisada, para que las personas puedan hacer estimaciones bastante precisas sobre el alcance de su estabilidad. Los tecnicismos en las leyes serán encontrados y reparados de manera más rápida, provocando que la conducta especulativa disminuya.

Los cambios de la ley también se refieren al enjuiciamiento de acciones pasadas. Como regla general, si el comportamiento legal de la ley anterior ocurrió antes de que las nuevas entraran en vigencia, independientemente de si violaron la nueva ley, no deberían ser castigados. En algunos casos, durante el periodo de gracia, las agencias gubernamentales pueden tomar medidas preventivas contra actos que darían lugar a violaciones de la nueva ley. Sin embargo, tales medidas siempre deben limitarse a ser preventivas y no obligatorias, en lugar de intentar imponer penalidades antes que la nueva ley entre en efecto.

Para la micro democracia, el diseño de políticas y la elaboración de leyes son iguales. Los ciudadanos usan las mismas herramientas y el mismo proceso para tomar decisiones sobre ambas. El sistema de información de la micro democracia proporciona los mismos beneficios adicionales con respecto a la asistencia jurídica.

Para ayudar a los ciudadanos a lidiar con los cambios legales, el sistema de información de la micro democracia proporciona muchos servicios, como las notificaciones, las potenciales predicciones de impacto, recomendaciones sobre la planificación de la vida ciudadana, etc. Cuando los ciudadanos viajan entre regiones, el sistema también proporciona comparaciones y recordatorios de leyes regionales.

Cuando no hay controversia sobre los hechos, el sistema puede automatizar las decisiones judiciales y su ejecución. Esto reducirá significativamente los costos legales para los ciudadanos ordinarios. Como los poderosos ya no sostienen grandes recursos legales, es más probable que la injusticia social sea reducida y prevenida. No obstante, vale la pena enfatizar que la automatización del procesamiento judicial es solamente una herramienta auxiliar y, de ninguna manera, es un reemplazo de los dictámenes humanos. En términos de decisiones legales, los humanos siempre tendrán la máxima autoridad; los juicos automatizados del sistema nunca serán la normal final bajo ninguna circunstancia. El sistema de información de la micro democracia también es el canal para presentar recursos legales y para la protección de los derechos de los ciudadanos. Siempre que alguna de las partes presente objeciones y apelaciones a través de este canal, el caso procesado automáticamente debe volver a resolverse mediante procedimientos judiciales humanos.

Las disposiciones legales son formuladas, principalmente, para situaciones generales y pueden ser bastante abstractas y genéricas. Usualmente, cumplen con las expectativas de las personas sobre las condenas y sentencias por violaciones comunes. Inevitablemente, siempre habrá excepciones donde las condenas y castigos establecidos por las leyes se desvían significativamente de la percepción y el afecto del pueblo. Con respecto a este tipo de casos "razonables pero ilegales", existen dos puntos de vista comunes. Muchos creen que este es un precio que una sociedad de leyes debe pagar. Solo adhiriéndose a la autoridad absoluta de la ley y eliminando los llamados casos excepcionales se puede prevenir la alteración de la seriedad de las reglas y se puede evitar la corrupción. Pero muchos otros argumentan que las leyes son, fundamentalmente, el reflejo de los valores y deseos de las personas. Cuando la intención original de la legislación no es correctamente representada debido a fallas en la estructura o la redacción del texto legal, la intención real de la ley debe aclararse y regirse haciendo correcciones mediante operaciones excepcionales. Como los dos puntos de vista anteriores tienen sus razones e inconvenientes, en el sistema de la micro democracia legal, la paradoja se elude elegantemente por medios democráticos. En primer lugar, los casos con hechos claros y lógica simple adoptarán automatización avanzada e inteligencia para el procesamiento. Las instancias restantes que requieran dictámenes humanos deben ser transparentes ante el pueblo, tanto como sea posible. Para casos ya condenados, los indultos o conmutaciones son permitidos en circunstancias excepcionales. Pero esto ya no depende de los funcionarios del gobierno, sino de las decisiones de la gente sobre las propuestas de apelación hechas a través del procedimiento democrático. Obviamente, para limitar la interferencia con las actividades judiciales diarias, el criterio para tales apelaciones debe ser muy riguroso. Por ejemplo, en *Vianland*, los ciudadanos pueden apelar para cambiar la decisión de un caso fallado, como un tipo especial de propuesta, para el cual la línea de aceptación es el 70% del peso de aval, y la línea de aprobación es el 90% de los pesos electorales totales.

En el mejor de los casos, la jurisdicción de las leyes debería corresponder, estrictamente, con la división de regiones administrativas, de modo que las políticas y leyes de las regiones sean concordantes y justas. En particular, para la micro democracia, no hay una diferencia fundamental entre la toma de decisiones administrativa y legislativa, por lo que esta unidad es racional y también inevitable. Al mismo tiempo, la región administrativa debe ser un reflejo de la composición social real, es decir, reflejar ciertas opiniones públicas compartidas, que suelen corresponder al grupo social dominante de la región. Debido a que la composición de los grupos sociales regionales es dinámica en sí misma, las regiones administrativas adyacentes también deberían adaptarse para seguirlo, ya sea a través de ajustes fronterizos, fusión o división adicional. Además, los grupos sociales convencionales de este nivel, pueden subdividirse en grupos sociales ramificados. También, puede ser razonable introducir regiones sub administrativas dentro de estas regiones.

Por razones prácticas, tales ajustes no deben ocurrir frecuentemente como para debilitar las instituciones administrativas y judiciales o perturbar las operaciones sociales. Tomando a *Vianland* como ejemplo, tales modificaciones deben cumplir las siguientes condiciones para convertirse en una propuesta válida:

Para dividir una región administrativa o agregar una de nivel inferior, se deben cumplir todas estas condiciones:

1. En cualquier área circular con un radio de 50 kilómetros o más, o cualquier otra área de forma continua con un área de 2,000 kilómetros cuadrados o más, la composición de la población ha cambiado en más del 30% (por la llegada, salida o cambio natural).
2. La inmediata región administrativa de nivel superior no se ha vuelto a dividir en los últimos cinco años.
3. Más del 50% de la población de la región ha solicitado, explícitamente, la redivisión.

Para fusionar regiones administrativas, se deben cumplir todas estas condiciones:

1. Todas las regiones administrativas involucradas no se han vuelto a dividir en los últimos dos años.
2. Más del 30% de la población en cada región administrativa involucrada ha solicitado, explícitamente, la redivisión.

El ajuste de las fronteras de las regiones administrativas adyacentes debe hacerse en dos pasos: dividir y luego recombinar. Una nueva región administrativa primero debe heredar todo el conjunto de leyes de una región existente para evitar un vacío legal, y luego mejorar y perfeccionar, gradualmente, mediante procedimientos democráticos.

Con la superposición de regiones administrativas y jurisdicciones legales, si su personal debe operar más de cerca, integrado y fusionado, o de manera más independiente, es una decisión vital. En muchos de los gobiernos actuales, independientemente de si los dos marcos anteriores son independientes en términos de entorno institucional o solo de nombre, su personal ha establecido una relación de cooperación estable y estrecha en el funcionamiento. Este tipo de relación colaborativa, estable y a largo plazo, mejora la eficiencia de la aplicación de la ley, por un lado. Aun así, también es común que tal alianza afecte la equidad de la justicia. Especialmente, en algunas disputas legales donde un lado está compuesto por ciudadanos y el otro por organismos administrativos o funcionarios, las instituciones judiciales, a menudo, tienden a favorecer a los últimos debido a sus conexiones y colaboraciones, ya que la tentación del intercambio de poder suele ser difícil de resistir.

En aras de la estandarización judicial y para evitar la corrupción, es más prudente operar el sistema legal independientemente del sistema administrativo, lo que significa que se debe construir un poder judicial unificado en todo el territorio del país para administrar e implementar la *Red Legal* de manera consistente. Este sistema atenderá las tareas legales nacionales y regionales, al mismo tiempo. Cuando cambian las leyes o las regiones administrativas, el poder judicial, por lo general, no necesita alterar la organización interna ni el personal por eso, pero necesita actualizar las configuraciones de las leyes aplicables de las celdas de la red legal afectadas y seguir las nuevas configuraciones en las actividades judiciales posteriores. Aunque el personal desplegado dinámicamente a veces es necesario para manejar la carga de trabajo de las tareas legales, incluso en este caso, la jurisdicción regional y la jerarquía de la red pueden permanecer estables. Es concebible que, para los agentes de la ley específicos, sea posible que, en el área bajo su jurisdicción, o en las celdas de la red legal, deban hacer cumplir las leyes más recientes en diferentes momentos. Este tipo de ajuste de aplicación de la ley se convertirá en una práctica regular en la micro democracia, y adaptar tales cambios se convertirá en una habilidad básica para las instituciones y el personal judicial. Esta situación también le da a la automatización un papel más activo, ayudando a mejorar la equidad e imparcialidad al reducir las falacias humanas en las actividades legales.

 # Gobierno

En la micro democracia, los ciudadanos recuperan el poder de decisiones de manos del gobierno. Los representantes, jefes de Estado, miembros del parlamento u órganos gubernamentales de tomas de decisiones, todos pierden sus posiciones en el sistema político. Los nuevos líderes políticos, agencias de policonsulta y partidos políticos todavía pueden existir, peros sus roles se transforman en servicios secundarios y, verdaderamente, públicos. Debido a su naturaleza abierta y dinámica, ya no forman parte del gobierno y, finalmente, devolverán el protagonismo a las personas. En cuanto al gobierno, ya no es el creador de políticas, sino el ejecutor y el encargado de mantener las políticas públicas. Sin embargo, todavía tiene algunas funciones importantes que hacer:

Primero que todo, debería haber un *Departamento de Sistemas*. Su misión será asegurar el funcionamiento confiable de los sistemas de información de la micro democracia, lo que incluye la construcción, el manejo y el mantenimiento de los sistemas de información, asegurando los servicios regulares de la infraestructura, gestionando y distribuyendo los dispositivos personales, y ayudando a los ciudadanos a utilizar el equipo de manera efectiva, para que pueda operar en el sistema micro democrático.

Segundo, el *Departamento de Ejecución* es responsable de administrar y coordinar la implementación y ejecución de las resoluciones. Una vez se alcanza la resolución, el gobierno debe iniciar inmediatamente el procedimiento adecuado para planificar la ejecución, desplegar personal y recursos, y coordinar otros departamentos para iniciar su implementación. A lo largo del camino, es posible el que gobierno todavía tenga que tomar algunas decisiones microscópicas de ejecución. Estas decisiones deben seguir fielmente la verdadera intención de las resoluciones. Dado que tales decisiones son solo un complemento a la resolución original, su ciclo de vida debe depender siempre de la resolución y nunca permanecer activo después de completada la ejecución.

Además, el gobierno necesita un mecanismo de autosupervisión, divulgación de información y evaluación del desempeño, para que los ciudadanos puedan evaluar con precisión las obras del gobierno y proporcionar retroalimentación de una manera oportuna. Debe ser capaz de descubrir y corregir situaciones relacionadas a la malinterpretación de las decisiones, retrasos en la implementación, alteraciones del alcance de ejecución, etc. En el caso, evidentemente malicioso de abuso de poder, se iniciarán acciones administrativas y legales en contra de los responsables. Todo lo anterior es responsabilidad del *Departamento de Supervisión*.

Entre las tres divisiones principales mencionadas, el departamento de supervisión tiene mayor independencia y autoridad. Tomado a *Vianland* como ejemplo, el departamento de supervisión del gobierno publica mensualmente informes de auditoría y ejecución para todos los departamentos del gobierno. Todo el pueblo emite votos de confianza para evaluar a cada departamento del gobierno todos los trimestres. Si el departamento recibe una calificación trimestral por debajo del 30%, o dos calificaciones trimestrales consecutivas por debajo del 50%, el jefe del departamento debe ser destituido. Para departamentos con una calificación trimestral por debajo del 10%, o dos calificaciones trimestrales consecutivas por debajo del 30%, se debe activar la reorganización obligatoria. En tales circunstancias, el jefe del departamento destituido no podrá ocupar el mismo puesto, o uno de nivel superior, en cinco años y el departamento reorganizado debe reemplazar no menos de la mitad de sus empleados.

El sistema de democracia representativa utiliza tres ramas de gobierno (legislativa, ejecutiva y judicial) para actuar como los tres puntos eje de poder, restringiéndose entre sí para evitar la corrupción. Debido a que el poder ejecutivo es abrumadoramente fuerte, esto hace que el llamado triángulo de "separación de poderes[1]" sea muy frágil hasta el punto en que muchas veces puede ser destruido. Sin embargo, esto no es nada comparado con el problema real: el poder más importante para la democracia, el pueblo, falta en este diseño. Bajo el sistema micro democrático, las restricciones interconectadas entre los departamentos del gobierno se limitan a la interpretación e implementación de políticas, en vez de crearlas. Le deja el poder más importante a la gente. Aprovechando la tecnología moderna, la micro democracia incluso puede dividir y distribuir este poder por toda la población, en lugar de un solo punto focal, sin comprometer la eficiencia y estabilidad. Este diseño de punto eje infinito tiene dos ventajas principales sobre las estructuras triangulares:

En primer lugar, previene de manera efectiva las situaciones en las que el poder es manipulado por fuerzas invisibles. En muchos países con democracias representativas, todos los tres ejes de poder están bajo el control, o bordeados, por el mismo "gobierno sombrío". Esto resulta, no solo en una disfunción del mecanismo de restricción para la separación de poderes, sino también lo convierte en un espectáculo de marionetas para desviar la atención del pueblo y evadir la responsabilidad. Por el contrario, si existen infinitos puntos eje de poder, son prácticamente imposibles de sobornar, intimidar y manipular.

En segundo lugar, simplifica la estructura del gobierno y mejora la eficiencia. El mecanismo de separación de poderes supone que cada rama gubernamental estará bajo el control de un personal distinto. Esta independencia es la clave para formar el sistema de controles y equilibrios, pero también resulta en instituciones engorrosas, procesos lentos y ejecuciones costosas. Sin embargo, si la misma fuerza controla estos tres grupos de personas, entonces estos costos adicionales pierden sentido. Simplemente trae cargas sociales adicionales y ni siquiera es tan eficiente como los regímenes autoritarios para la de toma de decisiones y la ejecución. Por el contrario, debido a que la micro democracia logra plena descentralización del poder a nivel ciudadano, ya no es necesario separar deliberadamente las funciones gubernamentales. Por tanto, el gobierno puede operar de la manera más natural y simplificada con una mayor eficiencia en la toma de decisiones y costos de ejecución reducidos.

Para darse cuenta de la autenticidad e igualdad de la democracia, así como muchas otras grandezas del sistema micro democrático, implementar los derechos humanos institucionales es, sin duda, una misión central del gobierno. Para manejar diferentes puntos bajo estos derechos, se deben crear diferentes departamentos del gobierno, y muchos serán diferentes de aquellos en las democracias representativas.

El *Departamento de Bienestar Social* es responsable de proporcionar a los ciudadanos materiales de subsistencia personal de acuerdo con el estándar nacional. El estándar se establece a través de los procedimientos micro democráticos con las élites dominantes de la economía y los servicios públicos que sean altamente ponderados. Diseñado solo para ser un suministro básico de materiales de subsistencia, el estándar del suministro debe mantenerse bajo, para desalentar las actitudes perezosas o complacientes, para no lastimar la vitalidad social y económica. Esto también hará que la sociedad sea más fuerte al enfrentar recesiones económicas y desastres naturales. Viendo que el estándar es universal en todo el país, este servicio no se convertirá en la motivación para la migración. De hecho, reducirá el número de personas obligadas al exilio para ganarse la vida, ya que las ayudas del gobierno no serían diferentes en otros lugares. Además, la estandarización ayudaría al gobierno con la eficiencia de la producción, almacenamiento, transporte y distribución de materiales.

Tomando a *Vianland* como ejemplo, el estándar nacional para el suministro del material de subsistencia personal es: espacio de vivienda individual o familiar de 8 metros cuadrados por persona, mobiliario básico y elementos necesarios para vivir, suministro de agua y electricidad, cocina y baño compartidos, 400 gramos de suministro diario de cereales, ropa de primera necesidad, atención médica básica, dispositivos eléctricos con funciones de operación para la micro democracia, comunicación de datos ilimitados para acceder a los sistemas micro democráticos y servicios de educación en línea, y llamadas telefónicas ilimitadas a servicios públicos.

En cuanto a la distribución de los materiales, como en *Vianland*, tales beneficios solo son ofrecidos en regiones administrativas de más de 100 kilómetros cuadrados con una población de más de 10,000. El gobierno debe entregar los beneficios en los 30 días que siguen a la solicitud. Si el número de nuevas solicitudes supera el 10% de la población local en un mes, el plazo de entrega se extiende a 90 días. Cada ciudadano puede solicitar beneficios en un solo lugar a la vez. Cuando las personas reciben beneficios en un nuevo lugar, deben dejar de recibir los beneficios similares en otros lugares y regresar los materiales.

Para apoyar la libertad migratoria, el gobierno debería facilitar el transporte y la libre circulación de los ciudadanos por todo el país. Pero aún más importante, necesita construir un sistema de información ciudadana para mantener los registros de residencia de las personas, con el fin de calcular correctamente los pesos electorales para la toma de decisiones, así como para otorgarles los beneficios de derechos humanos idóneos.

Para el caso de *Vianland*, los migrantes deben inscribir un aviso de cambio de residencia al sistema de información ciudadana antes de la llegada. Junto con este aviso, el ciudadano puede optar por presentar la solicitud para los beneficios de materiales de subsistencia en la región de destino. Al recibir la solicitud, el gobierno local debe entregar los beneficios en los siguientes 30 días, o en caso de un aumento repentino de solicitudes, 90 días. Esto significa que, para recibir los beneficios a su llegada, el ciudadano debe realizar esta inscripción al menos

30 días antes. Si los migrantes llegan antes de la fecha límite de entrega, el gobierno aún debe proporcionar alguna ayuda temporal por debajo del estándar. Entre 60 y 90 días después del reporte del asentamiento de los migrantes, los funcionarios gubernamentales visitarán el sitio para verificar su estado y confirmar la fecha real de inicio de la residencia. En el día 100 de la residencia confirmada, el registro de los migrantes en el sistema de información ciudadana será actualizado y se volverá efectivo, oficialmente. Es decir, solo los ciudadanos que han vivido en una región durante al menos 100 días tienen derecho a disfrutar del peso electoral adicional relevante y los derechos humanos de bienestar local. Para ayudar a los inmigrantes a adaptarse al nuevo entorno, los gobiernos locales deben organizar algunos programas para nuevos residentes, como sesiones mensuales informativas y seminarios sobre leyes locales, reglamentos y bienestar.

Muchas de las grandezas de la micro democracia se originan del derecho de educación: la legitimidad de los pesos electorales del conocimiento se atribuye a las ilimitadas oportunidades de educación igualitaria y a los estándares de exámenes unificados. La profesionalización del aprendizaje, combinado con los beneficios materiales de subsistencia personal, guía a las masas en niveles inferiores por el camino viable para romper la solidificación de clases y hacia la actualización personal. La posición neutral de la educación abre un espacio más amplio para que la sociedad evolucione. La educación para toda la vida y su popularización transformarán el modelo de crecimiento social de estar impulsado por la fuerza de trabajo a estar impulsado por la tecnología. También, es una solución perfecta para resolver el conflicto entre la automatización de la producción y empleo de mano de obra, reduciendo en gran medida el riesgo de tener crisis económicas. Evidentemente, es imposible lograr todos los resultados anteriores actualizando el fallido sistema educativo vigente, pues existen demasiadas grietas. Se necesita algún tipo de *Departamento de Educación* completamente nuevo para cumplir con todos los nuevos requisitos.

En primer lugar, el gobierno administrará directamente el diseño del sistema de conocimientos y los estándares de evaluación, establecerá un sistema de clasificación de disciplina unificada y un sistema de valoración de los pesos electorales de conocimiento. La clasificación de las disciplinas debe ser acorde con su desarrollo orgánico, como la ciencia y la cultura progresan sin parar todo el tiempo. Entonces, siempre que los ajustes sean necesarios, el gobierno debe actualizar el sistema en el momento oportuno manera y, también, actualizar los registros educativos existentes de los ciudadanos. El contenido de enseñanza y los estándares de evaluación deben ser abiertos y neutrales, y los puntos de vistas convencionales y alternativas deben tratarse por igual. Para esas teorías contradictorias, puede haber diferentes requisitos en la profundidad de la comprensión de acuerdo con su popularidad y nivel de adopción social, pero el gobierno no debe intervenir en el juicio de sus méritos y dificultades.

En *Vianland*, el plan de estudio estándar para cualquier rama del aprendizaje debe incluir un curso de descripción general, que ampliamente presenta varias escuelas y teorías, incluso contradictorias, bajo esta rama. Pasar este curso de descripción general es un prerrequisito para tomar cualquier otro curso subsiguiente.

En segundo lugar, el gobierno administrará los títulos de educación de los ciudadanos y las calificaciones de los maestros en todo el país. Los ciudadanos pueden estudiar en escuelas públicas, instituciones comerciales privadas o mediante el autoaprendizaje. En la mayoría de los casos, el costo del aprendizaje se calcula con base en resultados de la evaluación, luego complementados con los esfuerzos de aprendizaje como un factor menor. Los ingresos de los maestros se calculan en función de la dotación de estudiantes y sus desempeños en las evaluaciones. Ya que el aprendizaje y la enseñanza se consideran servicios sociales recompensables y, por lo tanto, parte del empleo social, el *Departamento de Educación* debe incorporar sus servicios de calificación y evaluación al *Departamento de Trabajo* y al *Departamento de Bienestar Social*, para gestionar los beneficios de empleo y bienestar social de los ciudadanos bajo un marco unificado.

En *Vianland*, cuando los estudiantes se matriculan en un nivel de asignatura particular, pueden elegir el método de aprendizaje. Para estudiantes que elijan estudiar en la escuela, el gobierno les asignará maestros y distribuirá otros recursos de aprendizaje, como grupos de aprendizaje, recintos, materiales, etc. Los estudiantes deben asistir a clases de acuerdo con el horario del curso para obtener el pago, el cual es calculado en función de la asistencia y los resultados de las evaluaciones. Para los estudiantes que elijan el autoaprendizaje, el gobierno también proporcionará los recursos de aprendizaje necesarios, usualmente libros, cursos en línea y materiales de laboratorio. En tal caso, los resultados del examen son el único factor utilizado para calcular sus pagos. Un ciudadano que recibe la calificación A en un curso cumple la calificación mínima para matricularse como maestro de ese curso. Por lo tanto, una persona puede tener la condición de maestro para diferentes cursos en varias disciplinas. También, hay un sistema de clasificación para los maestros, principalmente, basado en los recientes resultados de aprendizaje de sus estudiantes.

Debido a que las evaluaciones del aprendizaje juegan un papel importante, tanto en la económica como en la política, la trampa se considera un delito y enfrentará graves consecuencias. El *Departamento de Educación* debe trabajar de cerca con el *Departamento de Justicia* para manejar el fraude en los exámenes y tomar acciones legales proactivas contra los infractores. Siendo una violación de un derecho humano institucional, es muy probable que sea castigado dentro del alcance de los derechos humanos institucionales, como el encarcelamiento.

Tomando a *Vianland* como ejemplo, las propuestas de exámenes son preparadas, de manera confidencial, por los mejores maestros. Filtrar información y hacer trampa son delitos graves. Para exámenes que no requieren conocimientos, como las demostraciones de habilidades, las evaluaciones subjetivas de obras literarias y artísticas, no menos de cinco expertos en la materia presidirán y puntuarán. Todo el proceso debe ser abierto al público y registrado para inspección futura.

El gobierno y la sociedad aportan, conjuntamente, los recursos para las actividades educativas. Aquellas disciplinas estrechamente relacionadas con actividades de negocios recibirán fácilmente patrocinadores de las industrias beneficiarias. La investigación científica básica y algunos temas culturales dependerán más de los suministros gubernamentales. El financiamiento para la educación específica de alto costo y los proyectos de investigación debe ser determinado o aprobado a través del proceso de la micro democracia.

Para proteger el derecho a saber, el gobierno debe tomar medidas legales proactivas en contra de la divulgación de información falsa y el ocultamiento de información relacionada con los asuntos públicos. Además, debe proporcionarle al pueblo un servicio de rastreo de fuentes de información confiable. Estas funciones son gestionadas por el *Departamento de Información*.

El aprendizaje es usualmente un proceso. A medida que las personas reciben más información de manera continua y actualizan sus conocimientos, la precisión e integridad de los conocimientos mejora gradualmente. Durante este proceso, incluso si las personas son subjetivamente honestas y genuinas, la información que conocen o comparten puede ser incorrecta o incompleta. Históricamente, muchos consensos que alguna vez fueron convencionales, han demostrado ser erróneos y luego fueron reemplazados a media que el conocimiento de las personas y los valores sociales progresaron. Por lo tanto, las personas deben mantener una actitud abierta y tolerante hacia cada opinión y teoría, incluso si son contradictorias. Debido a que verificar la exactitud de la información está más allá de la capacidad del gobierno, no se debe de adoptar una postura oficial en esto. El servicio oficial de seguimiento de la fuente de la información debe enfocarse en la autenticidad del *Registro Original* de la información, en vez de juzgar su contenido. El registro original de la información incluye principalmente el contenido, la fuente y las muchas opiniones de las partes al respecto. Cuando existen diferentes versiones de la información sobre el mismo asunto, sus registros originales deben recopilarse y presentarse al público, incluso si son contradictorios. En cuanto a si la información en sí misma es correcta es decisión de las personas sacar sus propias conclusiones, de forma independiente, basados en sus posturas personales, la credibilidad de la fuente de información, los comentarios o análisis de terceros, etc. Ya no habrá una "verdad oficial" sobre cualquier información, solo "registros oficiales originales".

La verdad absoluta puede existir en un sentido filosófico, pero es rara en el contexto de la sociología, especialmente en la política. Solo ocurre cuando todas las personas están de acuerdo, unánimemente, con un hecho u opinión frente a una enorme evidencia. Esta verdad absoluta, en el contexto social, es más un caso estadístico extremo. Es muy posible que, debido a la limitación de conocimiento y fallas en la evidencia, la conclusión que ha sido bien acogida sea totalmente inconsistente con la verdad absoluta en el sentido filosófico. Por lo tanto, la toma de decisiones democrática basada en la verdad absoluta es casi imposible. Sin embargo, con la comprensión de los registros originales de información, las personas se acercarán más a la verdad absoluta, y en la mayor medida, a mitigar las influencias de la subjetividad maliciosa y limitaciones objetivas de las fuentes de información.

Para cumplir con las funciones anteriores, el gobierno utilizará grandes bases de datos para recopilar, almacenar y mantener todos los registros originales de información disponibles, proporcionar al público servicios de indexación y de consulta sin ningún costo. Los "hechos" declarados en muchas fuentes de información dependen de la veracidad de otros hechos. Por ejemplo, "la luna afecta las mareas", es una declaración que se basa en muchos otros hechos, como "la luna realiza una órbita alrededor de la tierra", la "teoría de la gravedad", los "patrones de las mareas", etc. El servicio de trazabilidad de información ampliada puede presentar dicha relevancia inherente de la información. El sistema también puede ampliar los elementos de la fuente de información para revelar las personas que proporcionaron evidencia de apoyo adicional y respaldo, de modo que, al juzgar los hechos, los ciudadanos puedan considerar la credibilidad de estas personas.

La lucha por los recursos e intereses no es nada nuevo y, lamentablemente, todavía ocupa el centro del escenario de las relaciones internacionales modernas. Las relaciones beligerantes entre Estados son, inevitablemente, dependientes del poder militar. La paz entre países no es, necesariamente, un resultado de lazos amistosos sino, muchas veces, el equilibrio de la fuerza y la disuasión, los cuales son temporales y muy frágiles. Por el contrario, el orden mundial de la micro democracia no necesita este precario equilibro para operar. La interacción principal entre países micro democráticos no es confrontación ni la competencia, sino la integración, pues comparten objetivos mutuos. Aunque en un mundo ideal de micro democracia, la presencia militar es innecesaria, en el proceso de su surgimiento y crecimiento, las naciones micro democráticas tienen que coexistir con los Estados modernos, quienes serán hostiles a este nuevo sistema durante un periodo prolongado. Entonces, al menos durante los primeros años, la micro democracia aún necesitará el *Departamento de Defensa*.

Lamentablemente, incluso las fuerzas militares creadas con fines legítimos de autodefensa seguirán representando una amenaza para el propio sistema micro democrático. Esto es porque un cierto grado de arbitrariedad y confidencialidad en las operaciones militares puede ayudar a la nación a luchar, de manera más efectiva, contra las amenazas externas. Si bien es una necesidad práctica, no obstante, representa una violación de los derechos humanos institucionales y, por lo tanto, destruiría el fundamento de la micro democracia. El gobierno micro democrático debe limitar conscientemente la influencia militar dentro del alcance mínimo necesario y tomar medidas institucionales activas para evitar que las fuerzas militares se expandan innecesariamente.

Para casos extremos como guerras, desastres naturales o la destrucción de infraestructura, puede ser necesario que los militares se hagan cargo de la operación nacional temporalmente a través de la ley marcial, haciendo que el país responda a la crisis de manera más eficiente. Pero mientras tanto, estas medidas suspenderán la operación de la micro democracia y devolverán a la nación a un estado de autocracia y autoridad. Por lo tanto, se necesitan mecanismos específicos (a nivel de estructura del sistema y leyes) para garantizar que el gobierno reanude, automáticamente, el estado micro democrático tan pronto como termine la crisis.

En *Vianland*, siempre existen al mando tres grupos militares independientes en espera. El primer grupo consiste en personal de servicio activo, y los otros dos son veteranos jubilados. Normalmente, el primer grupo lidera el ejército, y solo ellos pueden iniciar la emergencia nacional militar. Si el sistema micro democrático sigue funcionando, tales emergencias militares requieren aprobaciones mediante un referéndum, como ley temporal. Sin la debida autorización legal, las tropas deben rechazar las órdenes del grupo superior para ejecutar misiones bajo la ley de emergencia y tomas las acciones necesarias para restaurar la normalidad del orden social. Durante una emergencia autorizada, el mecanismo de toma de decisiones micro democrático es temporalmente suspendido. La prioridad del ejército es resolver la crisis y devolver la nación al estado micro democrático normal tan pronto como sea posible. Tal emergencia militar dura un máximo de 120 días y finaliza automáticamente. Si se necesita una extensión, también debe ser aprobada en un referéndum, a menos que la función de la micro democracia no se haya reanudado. Independientemente de cómo sea extendida, el periodo máximo sigue siendo de 120 días, y el poder de mando debe ser transferido del grupo de liderazgo actual al siguiente grupo en la fila dentro de 20 días. En la fecha límite, el grupo anterior pierde su autoridad y se descarta automáticamente, y el siguiente grupo tomará el poder. Tres grupos se turnan al mando en caso de múltiples ampliaciones de la emergencia militar. El grupo que acaba su turno debe retirarse y, luego, reorganizarse en 60 días. El grupo reorganizado debe tener al menos el 50% de nuevos miembros, que no sean parte del personal en servicio activo.

Volver de tiempos de guerra a una micro democracia normal es un proceso, y el paso más crítico es la divulgación completa de la información. La importancia de la confidencialidad en las operaciones militares provoca que el derecho a saber sea, a menudo, el primer derecho humano institucional arrebatado de las personas en tiempos de guerra. Pero revelar la verdad es igualmente vital para la micro democracia en tiempos de paz. Por lo tanto, es la máxima prioridad para restaurar el sistema, ya que evita que los conspiradores roben el país en nombre de las emergencias.

Tomando a *Vianland* como ejemplo, con la autorización de un referéndum, el gobierno puede implementar la confidencialidad temporal de la información hasta por 120 días en una emergencia militar. Solo la información relacionada con las operaciones militares, el personal, la producción y el transporte de suministros militares puede ser clasificada como confidencial. Después de que termine la emergencia militar, la información confidencial será, gradualmente, desclasificada: al menos el 50% debe ser desclasificada en un plazo de 120 días, al menos el 80% debe ser desclasificada dentro de un año, y la desclasificación de toda la información debe completarse en un periodo de dos años.

Como última línea de defensa, los soldados deben ser leales a los sistemas micro democráticos, considerarlos como el más alto código de conducta, y darles prioridad sobre las órdenes de los comandantes superiores. Sin importar la excusa que utilicen los líderes militares de alto rango para socavar el principio de la micro democracia, cada soldado está obligado a desobedecer y resistir cualquier intento de restaurar regímenes autoritarios.

Además de los departamentos centrales del gobierno, estrechamente relacionados con el sistema micro democrático como se mencionó anteriormente, también se necesitan otros departamentos administrativos y técnicos para apoyar el funcionamiento de todo el país, como el *Departamento de Transporte,* el *Departamento de Agricultura,* el *Departamento de Energía,* el *Departamento de Comercio,* el *Departamento de Salud,* etc. Aunque estos departamentos no tienen las características únicas de la micro democracia, siguen siendo una parte fundamental del sistema de gobierno nacional.

Capítulo 7 **Mundo**

La micro democracia restructurará el mundo. Comienza con una premisa simple: otorgar a los residentes locales el poder de toma de decisiones sobre los asuntos locales y proteger la libertad migratoria como un derecho humano institucional universal. Esta combinación requiere que la micro democracia se oponga naturalmente a las fronteras nacionales o a cualquier frontera artificial de poder político. Imagine una situación en la cual la frontera de dos países micro democráticos adyacentes atraviesa un hábitat natural de personas, con residentes viviendo a ambos lados de la frontera perteneciendo a los diferentes sistemas de peso electoral. En ese caso, las decisiones tomadas en un lado de la frontera ignorarían, o minimizaría, la voz de los residentes que viven del otro lado, aunque la decisión afectaría a ambos. Por consiguiente, los intereses y principios de relevancia temporal de las reglas electorales de la micro democracia se rompen, provocando desigualdad entre las personas que viven cerca de la frontera. Solo eliminando esas fronteras artificiales, igualando las áreas administrativas con las áreas de hábitat de las personas, y aplicando la micro democracia en la toma de decisiones de asuntos locales de manera consistente es que se puede eliminar tal desigualdad. Para los países micro democráticos, la única opción correcta es fusionase en uno solo. Debido a esta tendencia de convergencia natural, incluso si varios países micro democráticos pueden coexistir temporalmente durante su formación y desarrollo, eventualmente se unirán a un mundo unificado de micro democracia. Para entonces, la nación moderna habrá completado su misión histórica y el mundo no tendrá fronteras, será uno solo.

Este mundo de micro democracia unificado es, básicamente, diferente de la noción actual de globalización y gobierno mundial.

Primero, el mundo micro democrático funciona en un marco automático, descentralizado y puramente técnico, que no acata órdenes de ninguna autoridad central. La gran mayoría de decisiones son tomadas directamente por la población local de manera autorregulada en regiones de diversos niveles. Incluso las políticas globales son iniciadas por el pueblo mediante un proceso de abajo hacia arriba, y creadas con la participación directa de todos los ciudadanos, a diferencia del llamado sistema de gobierno mundial globalizado, donde los políticos élite, los partidos políticos y burócratas administrativos gobiernan a las personas desde arriba hacia abajo, unilateralmente, con una enorme fuerza desde los gobiernos centrales. En el mundo de micro democrático, estos jugadores solo sirven como roles auxiliares, de manera dinámica, y ni siquiera son parte del gobierno. Desde una perspectiva macro, el gobierno micro democrático no es un centro de toma de decisiones centralizado, sino un proveedor de servicios.

Segundo, el mundo micro democrático respeta la autonomía regional y le da la bienvenida a la diversidad social, proporcionando un ambiente inclusivo para que coexistan y compitan diferentes grupos y culturas. Esto se consigue con la combinación de la libertad migratoria y los pesos electorales adicionales. Cuando las políticas en una región son más efectivas para la economía y más inspiradoras para las culturas, esa región atraerá, naturalmente, a poblaciones de otras áreas, convirtiéndose en un modelo a seguir para otras regiones. Como resultado, se expandirán mejores políticas hacia áreas más grandes y más personas, ganando la competencia pacífica de la evolución social. Sin embargo, esas formas sociales no convencionales no tienen por qué extinguirse; los grupos de culturas especiales siempre pueden encontrar un lugar tranquilo para establecerse y obtener ventaja de las decisiones sobre su tierra. Así, las formas sociales experimentales aún pueden persistir en su propio espacio autónomo, creando sus leyes y regulaciones únicas de acuerdo con las reglas de la micro democracia, y seguir evolucionando.

Los movimientos de globalización y los gobiernos del mundo están impulsando una forma social unitaria como su solución para resolver los conflictos sociales, lo cual es lo contrario a la idea de autodeterminación local y diversidad social. Cuando las élites imponen al pueblo las llamadas estructuras sociales superiores y el orden mundial que diseñaron, frenan el espacio de desarrollo de la civilización, estrangulando su vitalidad. Además, a medida que se fortalece la esclavitud económica de las masas, los conflictos sociales escalarán y se intensificará constantemente, llevando a un Estado policial que depende de una mano de hierro para gobernar, que, a su vez, será finalmente destruido por la ira y resistencia de los oprimidos.

Las naciones modernas tienen un feroz apetito por el territorio. Nunca pierden una oportunidad de ocupar cualquier espacio que puedan que otros no hayan tomado. Cuando la fuerza lo permite, no dudan en convertir la tierra y las aguas tranquilas en sangrientos campos de batalla. La historia es la fuente principal de sus reclamos territoriales, la cual suelen utilizar para sugerir que tienen derecho a heredar un pedazo de tierra de sus gloriosos antepasados. Sin embargo, la mayoría de las tierras han sido ocupadas y gobernadas, alternativamente, por diferentes naciones, religiones e imperios a lo largo de la historia, así que dichas excusas solo conducen a conflictos eternos. De hecho, muchos territorios disputados son inhabitables, solo tierras áridas y estériles o aguas remotas, sin embargo, las poblaciones de diferentes países se convierten, tristemente, en enemigos por tenerlas. Por supuesto, la tierra fértil habitada invita solo a más miseria. Pero, en muchos casos, la tragedia se impone ante los indefensos residentes locales, mientras la gloria y las ganancias son para los gobernantes y los grupos de intereses especiales. En algunos casos, existen líderes que creen sinceramente que, por el bienestar y el honor de la nación, la religión o la raza, es una causa noble expandir el territorio del país tanto como se pueda. Desafortunadamente, esta ambición es similar a los simios peleando por un espacio en las ramas, a las tribus primitivas que se apoderan de los terrenos de caza o, a las naciones antiguas que utilizan la esclavitud y el saqueo. Esto representa una cultura obsoleta antigua, anticuada, atrasada y, bastante salvaje. En la época venidera de la desaparición de los países modernos, este tipo de lucha es patética e infantil.

Las luchas por el territorio llegarán a su fin en el mundo micro democrático. La regla del peso electoral permitirá que solo los residentes que viven en la tierra sean sus verdaderos sueños. Cualquier otra persona que quiera tener incidencia y beneficiarse de la tierra debe mudarse y vivir ahí, ganando los pesos electorales, honestamente, con su tiempo de vida. Y esas tierras y aguas deshabitadas no están sujetas, ni necesitan, supervisión del gobierno. Después de todo, cualquier gobernanza solo puede llevarse a cabo mediante la administración del pueblo. El mundo micro democrático motiva a las personas a trasladarse y establecerse en aquellos lugares inaccesibles y construir nuevas culturas y sociedades según deseen, siempre y cuando respeten todos los derechos humanos institucionales y sean amigables con los futuros recién llegados. Una vez que la población y el tiempo de vida de los residentes cumplan los estándares de la división administrativa, el mundo micro democrático les otorgará automáticamente el peso electoral sobre asuntos locales. A partir de aquí, pueden gestionar los asuntos locales y practicar la autonomía dentro del marco de la micro democracia. Cuando algunas áreas ya no cumplan con estándares debido a la disminución de la población, la región se eliminará del registro del sistema de gobernanza micro democrático y se volverá a considerar una tierra desolada.

Por ejemplo, en *Vianland*, cuando 1,000 personas viven continuamente dentro de un área de un radio de 50 kilómetros durante más de un año, se debe establecer una región administrativa. Se establecerán oficinas gubernamentales para brindar los derechos humanos institucionales, y el perfil de la región se creará en el sistema de información micro democrático. Cuando una región ya no cumple con los estándares, por ejemplo, cuando menos de 500 personas han vivido en un área de un radio de 50 kilómetros durante tres años consecutivos, la región administrativa será eliminada o se fusionará con regiones adyacentes.

Es completamente viable transformar, de manera pacífica, las naciones modernas en países micro democráticos y, eventualmente fusionarlos en un mundo micro democrático. Sin embargo, no se puede descartar que el mundo micro democrático puede tener que finalizar la era de los Estados modernos mediante la guerra.

La guerra no es, de ninguna manera, el mejor camino hacia el mundo micro democrático. La estructura de los Estados modernos tiene infraestructura intrínseca para la movilización de la guerra, pero estas medidas de guerra son absolutamente dañinas para los países micro democráticos. La infraestructura fundamental de los países micro democráticos es vulnerable durante la guerra y sus mecanismos característicos de toma de decisiones deben suspenderse temporalmente para lograr operaciones eficientes. Incluso si gana una guerra de larga duración un país que fue alguna vez micro democrático, podría convertirse en un Estado moderno de facto debido a una falla en la restauración de las reglas micro democráticas. Por lo tanto, la guerra impone amenazas, tanto internas como externas, al sistema micro democrático.

A pesar de enfrentar desventajas en la guerra, la micro democracia tiene la ventaja en la conducción de una evolución pacífica de los Estados modernos. Esto es porque, incluso sin la estructura del gobierno, las personas todavía pueden practicar la micro democracia, siempre y cuando el propósito de la toma de decisiones sea para servir a la mayoría y buscar una mejor calidad en las decisiones comparado con la regla de una persona, un voto. Esto significa que las personas pueden explorar, experimentar, y mejorar la micro democracia, incluso dentro de los Estados modernos. Una vez que las personas se han acostumbrado a este método y reconocen su superioridad exigirán, naturalmente, mejorar la operación política utilizando los principios micro democráticos. Después de todo, la noción de micro democracia es fundamentalmente coherente con los conceptos democráticos aclamados por los Estados modernos, a excepción de algunas optimizaciones clave. Después de que se introduzcan las mejoras procedimentales de la micro democracia, la importancia de los derechos humanos institucionales se hará más evidente, ya que ayudan a que la toma de decisiones se vuelva no solo sabia, sino también justa e igualitaria. Una vez que se consiguen los derechos humanos institucionales del sistema micro democrático, la transformación de un Estado moderno a un país micro democrático está virtualmente completa.

Sin duda, los políticos y grupos de intereses especiales de los Estados modernos utilizarán las máquinas estatales para obstruir y prohibir que las personas practiquen la micro democracia o destruir los países micro democráticos recién nacidos con guerras. Pero en esta lucha a escala mundial entre los dos campos, la victoria será para la micro democracia. Esto se debe a que la micro democracia desintegra las fuerzas hostiles desde adentro, de manera natural y amplia. Cuando las personas de los Estados modernos comienzan a practicar la micro democracia espontáneamente, la fuerza para reprimir la micro democracia se debilitará gradualmente e, incluso, desaparecerá por sí misma. Si este proceso es lo suficientemente suave, la transformación de Estados modernos a la micro democracia puede ser completada en paz. Pero, si los enemigos acumulan su fuerza lo suficientemente temprano, entonces las personas pueden tener que pasar por un momento difícil de opresión y guerras externas, y luchar el largo camino hacia la micro democracia. Incluso, es posible que los gobernantes de los Estados modernos confabulen con los demás regímenes centralizados no democráticos para formar una alianza global contra la micro democracia para extinguir la amenaza común. Sin embargo, la micro democracia es su enemigo invencible. Cuanto más intensamente luchen contra la micro democracia, las personas de los Estados modernos aprenderán más rápido y profundamente sobre la micro democracia, y pensarán y la compararán más con el statu quo. Así, las semillas de la evolución pacífica de la micro democracia se difundirán y arraigarán bajo la tierra de los Estados modernos. Incluso si los países micro democráticos son derrotados en batalla o, incluso, temporalmente destruidos, esas semillas aún brotarán y florecerán en suelos idóneos. La victoria final de la micro democracia ocurrirá en los corazones de las personas, en vez del campo de batalla.

También, se producirán cambios profundos en el ámbito económico. La propiedad privada se divide en categorías de objetos personales y activos personales. Se colocan por separado bajo la cobertura de los derechos humanos institucionales y los derechos humanos de bienestar y, en consecuencia, protegidos por la constitución micro democrática o leyes comunes regionales.

Las personas pueden obtener ingresos pasivos de sus activos, lo que realmente es explotar el valor del trabajo de otros, directa o indirectamente. Los movimientos comunistas consideran dicha explotación como moralmente mala, la cual debe ser eliminada. Sin embargo, en la práctica, sin una distinción precisa entre los objetos personales y los activos personales, a menudo se terminan afectando todos los bienes personales, lo cual viola gravemente los derechos humanos fundamentales y, algunas veces, incluso amenaza la supervivencia de las personas. En una sociedad capitalista, esta explotación es, precisamente, la fuerza motriz intrínseca que estimula las actividades económicas. Es un mal beneficioso y necesario que debe ser protegido de manera excepcional. La consecuencia es una división social profunda: un mundo de ricos esclavizando a los pobres.

A diferencia de cualquier política antigua y teoría política convencional, para la micro democracia, los sistemas económicos y políticos no tienen que ser integrados e interdependientes. Desvincular estos dos tipos de sistemas es, no solo una posibilidad, sino también una necesidad. Ya sea para proteger los activos personales para promover la producción social o para ignorarlos para eliminar la explotación, es más una cuestión económica que política. En cuanto a cómo balancear la justicia social y la producción material de manera eficiente, el sistema micro democrático deja que las personas locales decidan mediante la elaboración de leyes regionales comunes.

Debido a que los pesos electorales relevantes para decidir asuntos regionales se otorgan solo a residentes, poseer activos en la región no siempre trae poder político a los ricos que viven en otros lugares. Por lo tanto, la influencia económica del capital solo puede ejercerse sobre la política indirectamente a través de los residentes, en lugar de anular directamente la voluntad de la población local.

La intención original del nuevo diseño del sistema educativo es que los ciudadanos tengan igualdad de oportunidades de ganar pesos electorales adicionales, pero sus efectos sobre el modelo económico son aún más significativos.

La educación ya no será solo el aprendizaje y la enseñanza de la instrucción cívica y competencias vocacionales para los jóvenes, sino un servicio social y una carrera de por vida en la que todos pueden participar. Como nadie puede dominar todos los conocimientos y habilidades en su vida, las oportunidades para el trabajo de aprendizaje son infinitas; en consecuencia, la demanda de maestros será también masiva. Bajo cualquier circunstancia, las personas siempre pueden elegir aprender algo nuevo y obtener ingresos, por lo que el desempleo pasivo desaparecerá para siempre.

Incluso si el pago por los trabajos de aprendizaje es bajo, atraerá a muchos trabajadores primarios, lo que provocará una grave escasez de mano de obra para las industrias de fabricación y servicios. Los salarios de estas industrias subirán y, en consecuencia, también lo harán los precios de las materias primas. Esta tendencia de precios enviará a las tecnologías de automatización, robótica e inteligencia artificial a los puestos de baja calificación donde se libera la mayor parte de la fuerza laboral. Por lo general, estos puestos son los trabajos menos deseados, como trabajos manuales pesados y trabajos repetitivos, que las personas solo se ven obligadas a realizar para ganarse la vida. Estos trabajos reemplazados produjeron menos felicidad que los de aprendizaje; por tanto, dicha transformación mejorará directamente la utilidad social. Al mismo tiempo, esta transformación mejorará la economía de estar orientada al valor a orientada a la inteligencia.

La llamada economía orientada al valor significa que el objetivo principal de las inversiones de capital, materiales y tecnología apunta al máximo retorno, a través de productos básicos o venta de servicios. Debido a que el Retorno de la Inversión (ROI)[1] es su principal Indicador Clave de Rendimiento (KPI)[2], la producción de bienes y la prestación de servicios están al servicio de las necesidades de aquellos con mayor poder adquisitivo, y la mayor parte del valor regresa a los inversionistas, que resultan ser las mismas personas con mayor poder adquisitivo. Estas personas consumen los mejores productos de la fuerza laboral y reciben la mayoría de las ganancias para que puedan consumir aún más. Es justo concluir que este modelo económico es, esencialmente, el gran número de pobres sirviendo a los pocos ricos. En última instancia, esta contradicción entre maximizar el retorno sobre la inversión y maximizar la felicidad general de las personas (es decir, utilidad social) da como resultado una aguda polarización social, el culto a la riqueza y la corrupción de la naturaleza humana.

La tecnología capaz de reemplazar esos trabajos manuales y repetitivos de bajos ingresos ha existido durante mucho tiempo y está madura. Es el bajo retorno de la inversión que impide su aplicación en estas áreas. Por la misma razón, es más probable que los trabajos de altos ingresos, alta calificación y educación sean reemplazados. Así, la tecnología está destruyendo, en lugar de fomentar, la educación y el conocimiento. El nuevo sistema de educación de la micro democracia cambiará esta situación. Al brindar a los trabajadores poco calificados opciones de carreras más atractivas, mejorar sus conocimientos y nivel profesional, reducirá drásticamente la oferta laboral de esos trabajos de bajos ingresos y causará que el salario aumente. Esta dinámica hace que sea rentable automatizar los trabajos de baja calificación con la tecnología, devolviéndoles a los humanos los puestos con alta calificación e inteligencia.

Este enfoque puede crear una preocupación: ¿Acaso el retiro de miles de trabajadores de las industrias manufactureras y de servicios causará una fuerte disminución en la producción social y la escasez de materiales que afecte el nivel de vida de las personas? Puede sonar contradictorio pero la fuerza de trabajo excesiva, a menudo, reduce la productividad. Demasiada fuerza de trabajo hace que el trabajo sea barato, y el trabajo barato pone a la maquinaria de alta tecnología en desventaja bajo las medidas del retorno de la inversión, impidiendo la aplicación de la tecnología. Por el contrario, la escasez de mano de obra fomentará el uso de la tecnología y, eventualmente, aumentará la producción[3]. Este principio ha sido probado en la producción agrícola: en países que carecen de mano de obra agrícola, la producción utilizando maquinaria a gran escala es más fácil de lograr y genera economías de escala. En los países agrícolas tradicionales, con una gran población campesina, el gobierno duda en promover la producción a escala ya que amenazaría el sustento de esos campesinos, por lo que esa tecnología no puede ser utilizada completamente y, por lo tanto, la producción agrícola sigue siendo baja. Si la industria de la educación pudiera absorber la mayor parte del trabajo agrícola, entonces los mayores obstáculos para la mecanización a gran escala y la producción de alta tecnológica en estos países se eliminarían y, eventualmente, la producción agrícola aumentaría. La misma situación ocurre en la producción industrial y el sector servicio.

A medida que el enfoque anterior se promueve en toda la economía, la nueva economía inteligente tomará forma. En la mayor medida posible, esto libera a las personas del trabajo manual pesado y repetitivo de bajo nivel, de modo que puedan mejorar para convertirse en trabajadores intelectuales y contribuir más a la economía y la sociedad, y también vivir una mejor vida. Así, la tecnología libera la capacidad intelectual del campo en el que estaba más infravalorada. A través de este campo, la tecnología llevará el enorme recurso intelectual humano a las actividades económicas con el rendimiento de costos más alto.

La nueva economía inteligente no solo es buena para optimizar la asignación de recursos sociales y maximizar la felicidad de los trabajadores. Más importante aún, es la mayor inversión estratégica para el desarrollo de la civilización humana. Un exceso de casos ha demostrado que incluso un puñado de avances tecnológicos puede brindar valores increíbles a la sociedad, ya sea reduciendo la intensidad del trabajo, aumentando la expectativa de vida, o elevando los niveles de vida. Dichos logros tan asombrosos han ocurrido en una época en la que muy pocas personas tenían el lujo de recibir una educación de nivel superior y acceder a recursos de investigación científica. Existen razones para creer que el sistema de educación micro democrático aumentará, en general, la inversión de la capacidad intelectual humana en investigación, y la creatividad exponencialmente, intensificará de manera explosiva el progreso de la ciencia y la cultura, y revolucionará la producción de la tecnología. Las ganancias serán más que suficientes para compensar la reducción de la fuerza de trabajo que se dedica a la producción directa, lo que también mejorará significativamente la calidad de vida de las personas. En la nueva era todavía habrá gente trabajando, pero su motivación principal ya no será ganarse la vida, sino la búsqueda de la responsabilidad social, un sentido de logro y honor. En un futuro no muy lejano, los seres humanos podrán automatizar toda la producción social, permitiendo que las personas se dediquen plenamente a aprender, crear y disfrutar de la vida.

El gobierno micro democrático es el principal empleador de la industria de la educación y la investigación científica y, en consecuencia, posee la propiedad intelectual creada a partir de las actividades de educación e investigación científica. Debido a que el gobierno micro democrático pertenece a las personas, estas propiedades intelectuales también pertenecen a l ellasy pueden ser utilizadas libremente por toda la sociedad sin costo alguno. La situación en la que muchos logros intelectuales humanos están bloqueados a manera de patentes y no pueden contribuir al mundo ya no existirá. Como un tipo especial de activo, la propiedad intelectual no forma parte de los derechos humanos institucionales; por lo tanto, no está protegida por la constitución micro democrática o leyes nacionales en el alcance global. Cada región administrativa puede determinar si y cómo protegerla con leyes regionales, pero estas leyes solo se aplican localmente. Debido a la naturaleza única del conocimiento y la información, estos fluyen fácilmente a través de las regiones, por lo que la autorización y el uso estrictamente exclusivo del conocimiento, a veces, no son prácticos. Obviamente, esto cambiará la forma en que las empresas inviertan en la investigación científica, lo que hace que los estudios colaborativos entre empresas sean más comunes. Se reducirán los trabajos de investigación duplicados de empresas independientes, lo que permitirá ahorrar más capacidad intelectual para realizar investigaciones tecnológicas más avanzadas y originales.

Esta transformación del modelo económico será, eventualmente, una cuestión de vida o muerte para la humanidad. Cuando la obsesión por el retorno de las inversiones, o el valor, empuja la economía al extremo, a menudo, termina con el complejo industrial-militar entrometiéndose y controlando la economía, una etapa final desagradable y devastadora. Cuando la economía orientada al valor evoluciona a su etapa más alta, incluso el consumo excesivo tenderá a estar saturado, y el crecimiento llega a su límite y ya no es sostenible. Los oligarcas económicos deben encontrar y crear nuevas demandas. La construcción de servicios públicos a gran escala y la fabricación de equipos militares son las dos soluciones principales. La no transparencia y la exclusividad del negocio de las armas lo hacen mucho más rentable que el primero, porque como el dinero fluye directamente desde la financiación del gobierno, se convierte en el favorito de los oligarcas económicos. Cuando los militares, las empresas de fabricación de armas y los políticos conspiran, nace el monstruo del complejo industrial-militar: manipula a las tropas u organizaciones terroristas para provocar conflictos militares, y luego consume el armamento y el equipo. Todos estos costos los paga cada ciudadano mediante impuestos o son recaudados de los países derrotados como rescate. El dinero finalmente fluye al complejo industrial-militar en nombre de la seguridad nacional y el orden mundial. En ese momento, el pecado de la economía orientada al valor está más allá de la explotación de trabajadores, la sobre extracción de recursos naturales o destrucción del ambiente natural. Es un demonio matando a los inocentes, un generador de desastres humanitarios y, en última instancia, plantea una amenaza directa para la supervivencia de la humanidad.

Perder el poder que alguna vez tuvieron es intolerable para los políticos, partidos políticos y grupos de intereses especiales. Harán todo lo posible para mantener, consolidar y ocupar permanentemente el poder. Con su fuerza y posición ventajosa es relativamente fácil para los que están en el poder crear un entorno social a su favor, reprimir a los rivales y eliminar cualquier amenaza posible. Los dictadores de regímenes autocráticos y autoritarios prefieren la intimidación abierta utilizando la fuerza, mientras que los de las llamadas democracias son más hábiles explotando los vacíos legales en las leyes y procedimientos, secuestrando la opinión pública y abusando de la autoridad judicial para fortalecer el poder.

En el nuevo mundo, los viejos vicios políticos en descomposición no tendrán lugar para quedarse más que en el bote de basura de la historia. Dado que ninguna fuerza individual o política bajo el sistema micro democrático puede mantener el poder de manera constante y exclusiva, no tiene sentido mantenerlo, consolidarlo u ocuparlo. La única existencia duradera es la máquina política neutral, que incluye el sistema de información y la infraestructura para la toma de decisiones de la micro democracia, y las leyes constitucionales para apoyar sus funciones normales. El primero es comparable con el hardware de una computadora, mientras que el último juega un papel similar al del sistema operativo que funciona con el hardware. Al igual que una computadora moderna, tiene el poder para realizar innumerables tareas, las cuales son realizadas por otro software funcionando dentro del hardware y el sistema operativo. El espacio de la memoria que hace funcionar este "otro software" se puede relacionar con las regiones administrativas formadas orgánicamente en el mundo micro democrático. Las funciones realizadas por este "otro software" se pueden relacionar con los comportamientos externos dirigidos por la toma de decisiones democrática. Al igual que en el ecosistema donde varios softwares pueden funcionar simultáneamente en la computadora moderna, innumerables diseñadores y desarrolladores los crearon y pueden realizar una gran variedad de tareas, muchas de las cuales superan con creces la imaginación de los inventores de las computadoras y los sistemas operativos. De manera similar, el sistema micro democrático funciona como una plataforma abierta para el desarrollo de la civilización humana. Los derechos humanos institucionales que protege son solamente para el funcionamiento continuo de la plataforma y para asegurar que las formas sociales desarrolladas en él sean constructivas, protectoras y seguras, no autodestructivas. Con base en esta premisa básica, es concebible que varias sociedades emerjan en esta plataforma, compitan pacíficamente en este entorno seguro y evolucionen continuamente hacia mejores formas sociales, a través de la selección natural no violenta. Esas formas sociales futuras más diversas y superiores evolucionadas en esta plataforma hoy pueden exceder con creces la imaginación de los autores y lectores de este libro. Sin embargo, todavía podemos elegir convertirnos en el mejor soñador de esta época y sentar las bases más fuertes para el nuevo mundo.

El camino hacia el mundo micro democrático está lleno de esperanzas y desafíos, comenzando por estar conscientes de las nuevas opciones para construir una sociedad diferente.

Después de la sangrienta lucha de las Guerras Mundiales y el enfrentamiento de la Guerra Fría, las personas, finalmente, dieron la bienvenida a la victoria de la democracia y la libertad, pero la justicia social y la felicidad no llegaron como se esperaba. Con los rivales ideológicos derrotados, los grupos gobernantes ya no se molestaron en encubrir su manipulación de la política y el desprecio de la opinión pública. Entonces, las personas finalmente pudieron ver que los rituales de la democracia eran solo los juegos de poder de los grupos de intereses especiales, mientras el pueblo en general era solo un accesorio, una herramienta y un arma del juego. Bajo la apariencia aparentemente noble, el movimiento de globalización tiene solo un verdadero maestro: los grupos de intereses especiales. Su función real es una plataforma comercial para que las élites y el capital afluente cacen presas con alto nivel de explotación a nivel mundial. La humanidad necesita desesperadamente un nuevo descubrimiento, pero las personas creyeron que obtuvieron el mejor sistema, y ese fue el "final de la historia"[1]. Decepcionadas y furiosas, las personas recurrieron a la caja de herramientas del viejo mundo en la búsqueda de cualquier posible antídoto. El totalitarismo, el nacionalismo y las religiones extremistas, emergieron de sus tumbas una vez más, como fantasmas semienterrados, cantándoles a las personas en la oscuridad.

Ahora la prioridad más urgente es anunciar el nacimiento de esta nueva forma de democracia, mostrándoles a las personas que esta nueva idea no es solo atractiva, sino también práctica. Crear un nuevo país directamente, o asumir el control de uno existente, para implementar la micro democracia no es tan simple como parece. Un camino más viable sería que las personas primero encuentren escenarios adecuados y apliquen la micro democracia en sus vidas diarias. Después de familiarizarse, acostumbrarse y respetar este nuevo método, pueden ampliar progresivamente el alcance de su aplicación hasta que, finalmente, se modernice el sistema político del país.

La implementación inicial será mucho más fácil de lo que debe ser a nivel nacional. Debido a la ausencia de algunos elementos principales, como las leyes, los derechos humanos, y el ciclo de vida de la región administrativa, no puede proporcionar suficiente igualdad como se diseñó en la micro democracia. Aun así, seguirá mejorando significativamente la calidad de las decisiones y la utilidad social. Esta simplificación también hace que sea fácil de implementar; un equipo, pequeño o mediano, de software podría construirlo en cuestión de semanas. De hecho, incluso para un sistema micro democrático funcionando completamente a escala nacional, no existe dificultad técnica insuperable. La complejidad de tal sistema es similar al de las grandes plataformas sociales o sistemas bancarios y muchas grandes empresas de tecnología de la información son adecuadas para este tipo de proyectos.

La verdad es que el verdadero obstáculo en el camino hacia la micro democracia no es la tecnología. Las personas son el factor clave. De acuerdo con la teoría del Materialismo Dialéctico y el Materialismo Histórico[2], toda revolución que promueve el progreso social tiene su fuerza principal liderada por el grupo que representa la productividad avanzada y las relaciones de producción. Al igual que la revolución democrática europea del siglo XIX se alcanzó mediante ciudadanos libres liderados por las clases emergentes de capital industrial y comercial[3], las revoluciones comunistas del siglo XX, en Rusia y China, fueron alcanzadas por campesinos liderados por la clase obrera emergente[4]. No es difícil pensar que solo aquellos que tienen el conocimiento y la capacidad de construir un sistema micro democrático podrían convertirse en los pioneros de esta revolución. Los trabajadores de la información son, precisamente, el grupo emergente que ha dominado esta productividad y conocimientos más avanzados. Como si hubiesen cambiado radicalmente la vida de las personas en el campo de la economía, solo ellos pueden mostrarles a las personas el poder y el potencial de la tecnología, y motivar nuevas demandas en la vida política. Atraídos por la nueva teoría, otros trabajadores que se familiarizaron y adaptaron al estilo de vida digital, y ciudadanos libres con espíritus exploradores, juntos formarán la fuerza central del movimiento micro democrático.

Además, es imprescindible identificar los aliados y enemigos de la micro democracia:

Los internacionalistas son aliados de la micro democracia. El internacionalismo y la globalización comparten algunas similitudes y ambas tuvieron grandes influencias.

Al igual que estas dos teorías, la micro democracia también propone un sistema político integrado globalmente, pero su idea central es muy diferente.

El internacionalismo fue la ideología supranacional del movimiento comunista basado en la teoría de clases. Tuvo un gran énfasis en las diferencias de clases y las contradicciones entre ellas, así como el papel decisivo de las relaciones económicas en la política. Aunque el mundo de la micro democracia es también supranacional, es neutro en cuanto a clases y no está vinculado a ninguna relación económica especifica.

La globalización fue el movimiento de integración político-económico global liderado por los capitales internacionales. Apuntaba a un mercado e integración económica global, y ayudó al capital transnacional a acceder a más recursos y plusvalía. Por lo tanto, en su implementación, la prioridad era satisfacer la búsqueda de ganancia de los capitales. El sistema político que lo acompaña, la justicia social y el desarrollo cultural son todos temas secundarios e instrumentos que pueden ser sacrificados e ignorados, siempre y cuando, se cumpla el deseo del capital de tener un mercado integrado y que existan ambientes de ganancias favorables. Por el contrario, la micro democracia es, principalmente, un sistema político que da prioridad a la utilidad social, sin depender o perseguir la integración económica global.

Evidentemente, la diferencia fundamental entre la micro democracia y las dos anteriores es su actitud neutral hacia los modelos económicos, pues es un marco enteramente político más que económico. A pesar de que su implementación inevitablemente interactuará e impondrá una amplia influencia sobre las actividades y relaciones económicas, este vínculo sigue siendo flexible y abierto. La prueba significativa es que permite a las diferentes regiones en un país diseñar diferentes modelos económicos y políticas de forma autónoma. Las leyes nacionales solo protegen los objetos personales y la seriedad de los contratos. La formulación de todas las demás reglas económicas y regulaciones se considera dentro del alcance de las leyes regionales. En consecuencia, cada región puede decidir esos asuntos fundamentales relacionados a los mismos modelos económicos, como la propiedad de activos personales y sus derechos secundarios, siempre que no violen ningún derecho humano institucional. Esta apertura permite que diferentes modelos económicos operaren de forma independiente, evolucionen y compitan amistosamente en varias regiones. El resultado de su competición no son los cambios de régimen, sino la expansión, contracción, fusión y evolución entre regiones con modelos económicos opuestos.

A pesar de todas las diferencias, la micro democracia sigue compartiendo muchas visiones con estos dos movimientos, como su voluntad de lograr la unificación del mundo de alguna manera y eliminar la división, el aislamiento, el conflicto e, incluso, la guerra causada por los sistemas nacionales, religiosos y económicos, para que las personas puedan vivir en un mundo más seguro, más igualitario y más armonioso. Probablemente no sea el verdadero propósito y la motivación principal de los líderes de los dos movimientos, pero es posiblemente el objetivo e ideal de muchos, incluso de la mayoría de sus defensores y participantes. Por lo tanto, si la micro democracia proporciona una solución superior para este ideal, entonces estos internacionalistas genuinos y apasionados pueden sentirse atraídos por ella y convertirse en la columna vertebral de la revolución micro democrática.

Los trabajadores son aliados de la micro democracia. Con los derechos humanos institucionales, la mayoría de los trabajadores tendrán las condiciones para escapar de los trabajos pesados, participar en actividades de mayor valor y disfrutar de una vida más cómoda y digna.

Carlos Marx señaló una vez que las ganancias para los capitalistas, principalmente, provienen de la plusvalía del trabajo productivo[5]. Sin la contratación, los capitalistas no tienen nada para explotar y su capital pierde capacidad de crecimiento. Por lo tanto, aumentar los puestos de trabajo y la producción es el objetivo que los capitalistas persiguen desesperadamente. Con sistemas de bienestar social diseñados de manera inteligente, una teoría económica y la opinión pública, lograron implantar exitosamente este objetivo egoísta en el "sentido común" del pueblo, y lo convirtieron en la necesidad fundamental de los trabajadores. Así que, la maximización del empleo y la escala del mercado se ha convertido en algo parecido al culto religioso en la economía de mercado moderna.

La verdad es que, con la aplicación de la automatización, las tecnologías actuales ya son capaces de satisfacer las necesidades de vida de todas las personas, con una mano de obra significativamente reducida. Al mismo tiempo, la producción social no solo ha superado con creces un nivel necesario, sino que también ha sido adecuado para brindarles a las personas mejores condiciones de trabajo, disfrutar menos horas laborales, tiempo libre adicional y un estilo de vida más relajado. Debido a que este resultado no está a favor de los capitalistas, ellos adoptaron tres medidas correctivas para evitar dicha situación: la primera promovió el consumismo y estimuló la demanda de las personas por bienes y servicios. Allá dónde no exista demanda, ellos lograrán crear una atmosfera social que favorezca el consumo excesivo y la sobreproducción. Claramente, este enfoque es insostenible; eventualmente, agotará los recursos naturales del planeta y destruirá el ambiente ecológico del mundo. La segunda medida correctiva fue aumentar la demanda para el sector de servicio. Cuando la producción de mercancías materiales ha superado con creces las necesidades de las personas, se inventan grandes cantidades de servicios no materiales, atrayendo u obligando a las personas a "disfrutar". Por supuesto, las personas tendrán que intercambiar estos servicios con trabajo aún más pesado. Haciendo crecer el sector servicio, los capitalistas no solo disfrutan de una mejor vida a precios más bajos, sino que también extraen más plusvalía de los trabajadores a través de estos servicios. La tercera medida correctiva fue encontrar una nueva cuenca del bienestar social en el proceso de globalización y utilizarla para reducir el nivel del bienestar en otras regiones. Para los capitalistas, esto tiene un doble beneficio: por un lado, permite que entren más recursos materiales al mercado de capitales, en lugar del campo del bienestar público, lo que le da al capital más ventaja. Por otro lado, más personas son obligadas a trabajar en el mercado, generando valor para el capitalista bajo la relación del empleo.

Frente a los problemas anteriores, la micro democracia no se opone simplemente al capitalismo y a la economía de mercado como algunos otros movimientos sociales. A pesar de los graves defectos del statu quo, no es prudente interrumpir los sistemas existentes cuando aún no existe una alternativa ideal. Sin embargo, sin tocar las raíces del problema, también es imposible producir resultados sustantivos haciendo correcciones menores. La solución de la micro democracia para este problema es el suministro de materiales de subsistencia personal y el sistema educativo. Les da a los trabajadores, especialmente aquellos en los niveles inferiores, un camino verdaderamente viable para elegir y cambiar sus vidas, proporcionándoles una base material para deshacerse de las cadenas económicas que limitan la libertad personal. Bajo este sistema, los trabajadores obtienen una posición más fuerte en la negociación con los capitalistas, lo que mejorará significativamente sus condiciones de trabajo, la compensación y la condición social. Las personas ya no serán obligadas a trabajar, sino que tomarán una elección personal para maximizar su calidad de vida y darse cuenta de su autoestima. Como resultado, los trabajadores seguramente se convertirán en aliados cercanos de la micro democracia y se convertirán en la fuente de poder más potente del nuevo sistema.

Los liberales son aliados naturales de la micro democracia. El liberalismo valora la autoselección y autogobierno de las personas, pero dichas opciones están bajo estricta represión en los Estados modernos, y los democráticos no son la excepción. Esto se debe a que los políticos y los grupos gobernantes deben asegurar y proteger sus intereses establecidos. Además, no existe un mecanismo en los actuales sistemas políticos para implementar, verdaderamente, una autonomía dinámica. En tal caso, las personas solo pueden recurrir a medios excepcionales para luchar por su autogobierno. Inevitablemente, esto provoca tensión y confrontación entre grupos sociales, escalando a conflictos violentos, disturbios sociales y desastres humanitarios. En la mayoría de los casos, esto no termina con la autonomía; incluso si lo hiciera, los acuerdos políticos a menudo se basaban más en el equilibrio de la fuerza armada, que en reflejar con precisión la opinión pública. Es más, ya sea que haya alcanzado o no una solución de autogobierno justa, razonable y bienvenida en ese momento, la solidificación de dicha solución fue solo otro nuevo obstáculo para la posteridad.

La autonomía regional está incorporada en el proceso rutinario del sistema micro democrático y puede iniciarse en cualquier momento, desde cualquier nivel, de una manera pacífica y ordenada. Esta flexibilidad permite la división de regiones administrativas y la formulación de leyes para responder constantemente a los deseos de las personas. Al implementar enmiendas de resolución y revalidación automatizada, la autonomía dinámica será la norma. Las personas ya no necesitan tomar acciones agresivas solo por asegurar modificaciones específicas para siempre, lo que resulta en una mayor armonía social.

La implementación de la autonomía en la micro democracia no solo es ampliada geográficamente, aumentando la base poblacional, también tiene un alcance aplicable más amplio. Esto significa que las personas pueden decidir mucho más con respecto a los asuntos públicos y tener mucho más control sobre sus vidas. Con excepción de los pocos derechos humanos institucionales amparados por la constitución, muchos de los temas restringidos hoy en día, como los derechos humanos de bienestar, modelos económicos, reglas sociales, etc., estarán abiertos para que los ciudadanos decidan sobre ellos en el nuevo sistema. La expansión del derecho de los ciudadanos a la autonomía ha reducido, en consecuencia, el espacio de la autoridad del gobierno. Esto coincide con el concepto liberal sobre la sociedad con un gobierno pequeño.

Sin embargo, entre el liberalismo y la micro democracia existen obvias disparidades en sus opiniones sobre la propiedad privada. Para el liberalismo, los derechos de las personas a la propiedad privada son sagrados y deben ser, estrictamente, protegidos. Para la micro democracia, esto es condicional y limitado pues la propiedad privada tradicional se subdivide en objetos personales y activos personales. Los primeros están protegidos, estrictamente e incondicionalmente, como parte de los derechos humanos institucionales, mientras que los últimos son ajustados bajo los derechos humanos de bienestar y los modelos económicos y, por lo tanto, están abiertos al público para ser regulados mediante las leyes regionales. En este sentido, la micro democracia no es un sistema liberal puro. Sin embargo, con el mecanismo de toma de decisiones y la estructura legal de la micro democracia, los liberales aún pueden legislar leyes regionales para proporcionarle a la propiedad privada una protección más significativa y extensa, y pueden construir una sociedad orientada al liberalismo en ciertas regiones. Si tal comunidad es lo suficientemente superior, naturalmente, se extenderá a un área más grande con más población. Y este mecanismo pacífico de competencia social es, en sí mismo, un tributo a los conceptos más altos del liberalismo.

Comparado con el liberalismo, el progresismo es un aliado aún más cercano de la micro democracia. El consenso del liberalismo y la micro democracia está en el pensamiento del diseño, el punto de convergencia entre el progresismo y la micro democracia está en los valores fundamentales: maximizar la felicidad general de todo el pueblo, aumentar la utilidad de la sociedad, lo cual es considerado como el objetivo final de todas las actividades políticas. En este sentido, la micro democracia incluso puede verse como una versión avanzada del progresismo.

La micro democracia se encuentra con la búsqueda central del progresismo de los derechos y beneficios civiles al proteger los derechos humanos institucionales. También, dota a los residentes locales con el poder para definir los derechos humanos de bienestar que se adapten a situaciones específicas en el área. El dinámico mecanismo de la región administrativa aborda perfectamente los asuntos para implementar políticas de bienestar en la estructura estatal actual. Este estándar unificado a nivel nacional es difícil de satisfacer las diversas necesidades de diferentes regiones y grupos, y la gran escala también hace que sea muy difícil de implementar. Permitiendo que áreas individuales y grupos construyan el método de operación social que cumpla mejor sus deseos, la micro democracia no solo reduce la dificultad de implementación, sino que también satisface las necesidades únicas de cada grupo y, por lo tanto, el nivel de utilidad social se eleva de la línea inferior nacional a la línea superior de cada región.

El mecanismo de autonomía regional crea espacios abiertos para que las personas y grupos sociales diseñen nuevas formas sociales, sin ninguna restricción de modelos económicos particulares, códigos sociales o estándares de bienestar. De esta manera, a diferencia de cualquier gobierno y superestructura existente, una sociedad micro democrática puede crecer sin ataduras para siempre, sin autolimitarse.

La distinción de los objetos personales y los activos personales abre una puerta para que las personas innoven diferentes modelos económicos, lo que ayudará a reconciliar la animosidad entre los intereses comerciales y la utilidad social. Con el tiempo, las personas encontrarán un equilibrio ideal entre el desarrollo económico, el bienestar público y la protección ambiental.

Claramente, el nuevo sistema educativo contribuye en gran medida a mejorar las condiciones de trabajo de las personas, así como el desarrollo de la sociedad. El extraordinario aumento de los recursos humanos para la ciencia, tecnología y cultura han ampliado el espacio para la evolución social y ha acelerado el ritmo del progreso social, llevando el avance de la civilización humana hacia otro clímax.

La micro democracia está en contra de la opresión y la guerra, y promueve la integración entre grupos sociales e ideas, así como una competencia pacífica. Pero lo que la hace excepcional es que, más allá de la buena voluntad, proporciona una solución práctica que funciona. No es de extrañar que los pacifistas se convertirán en aliados de la micro democracia.

Las interpretaciones de la naturaleza y los orígenes de las guerras varían desde diferentes perspectivas. Desde el punto de vista de la micro democracia, existen dos causas que conducen a las guerras entre naciones modernas. Una causa de origen es la sed de poder por parte de los gobernantes o los grupos en el poder. Para mantener y expandir el poder, cumplir el sentido de misión personal, honor y el deber de adquirir más beneficios para el colectivo (dicho de otra manera: ambición, vanidad y codicia), no dudarán en utilizar la fuerza letal a expensas de la vida y la felicidad de las personas. Debido a que el gobernante, o el grupo en el poder, tienen enormes recursos institucionales y económicos para manipular la ley y controlar los medios, estos motivos se pueden disfrazar fácilmente convirtiéndolos en una misión noble, engañando a las personas valientes y decentes. Pero para hacer este abordamiento más efectivo, es necesario combinar la segunda causa: el aislamiento. A medida que la brecha entre las personas se hace más profunda y más amplia, se vuelve más fácil para los gobernantes provocar contradicciones, para luego despertar repugnancia y odio entre las personas. Para lograr esto, los países y las fronteras son instrumentos esenciales, incluyendo barreras geográficas y físicas, así como el aislamiento de la información y el idioma. Cuando las personas carecen de canales y capacidades para comunicarse directamente y compartir experiencias de la vida diaria, la manipulación de los medios de comunicación y la opinión pública pueden lograr los efectos más devastadores. Un fenómeno común hoy en día es que las personas entre los dos países pueden pasar de ser amistosos a sentir repulsión, e incluso volverse extremadamente hostiles entre sí, con algunos incidentes aislados cuidadosamente organizados y opiniones públicas diseñadas artificialmente. Aunque las personas de los dos países no han cambiado sus estilos de vida y comportamientos antes y después de estos incidentes, y los incidentes en sí pueden no afectar la vida de las personas en lo absoluto, ellos aún pueden desarrollar un profundo odio hacia los demás, algunas veces hasta cometiendo asesinatos. Cuando la cooperación se vuelve útil para estos gobernantes, con la maquinaria de medios de comunicación y la opinión pública, pueden revertir rápidamente el ambiente de toda la sociedad y hacer que las personas nuevamente se contenten entre sí. Las víctimas de la guerra son olvidadas hasta que los gobernantes necesitan su tragedia para incubar nuevos odios y provocar el próximo conflicto. Por ridículo, triste y vergonzoso que parezca, sigue siendo una realidad practicada en este mundo todos los días.

Bajo el sistema micro democrático, estas dos causas de guerra serán debilitadas y eliminadas. En primer lugar, los gobernantes y los grupos en el poder ya no existen en la estructura política, y el deseo de poder de estos individuos y grupos privilegiados perderá su criadero. Los defensores de la guerra seguirán existiendo, pero sin las leyes monopólicas y el control de la información, no pueden agobiar a las personas con una sola voz y suprimir esos llamados a la paz. Las personas podrán saber sobre la situación desde unas perspectivas más racionales, equilibradas y constructivas. Los malentendidos y las confrontaciones pueden resolverse y arreglarse rápidamente, reduciendo el riesgo de guerra. En segundo lugar, con el desarrollo de las tecnologías modernas de comunicación y transporte, así como la libertad migratoria, la integración interregional de las personas puede ocurrir de forma continua, haciendo más difícil la formación de grupos exclusivos y antagónicos. Además, debido a que las decisiones pueden reflejar con mayor precisión la voluntad de la gente y tomarse de forma dinámica en términos de tiempo y espacio, es más fácil que las disputas lleguen antes a una solución justa y equilibrada. Incluso si algunas resoluciones y reglamentos injustos se formaron a través de la violencia, no podrían durar mucho y, por lo tanto, no tendrán sentido alguno. En consecuencia, la posibilidad de conflictos interregionales violentos dentro de países micro democráticos o guerras entre países micro democráticos es, excepcionalmente, débil si no inexistente.

Por supuesto, la posibilidad de guerras entre países micro democráticos y no micro democráticos de hecho existe. Sin embargo, la tendencia natural pacifista de la micro democracia y su alta vigilancia frente a los riesgos institucionales de los mecanismos de movilización de guerra hace que sea casi imposible que un país puramente micro democrático provoque conflictos y guerras de forma proactiva; solo puede responder a las guerras en defensa propia.

Existe la opinión de que la escasez de recursos y el crecimiento de la población provocan una contradicción eterna que hace que el conflicto y la guerra sean inevitables. De hecho, solo mejorando la producción y la utilización de recursos, no destruyendo y matando, puede hacer crecer la riqueza material y, en esencia, resolver esta contradicción. Los recursos naturales no son ilimitados, pero el potencial de la ciencia y la tecnología sí lo es. Siempre que se invierta continuamente suficiente mano de obra en la investigación científica sobre el desarrollo del uso eficiente de los recursos, hay buenas razones para creer que la civilización humana puede desarrollarse de manera sostenible sin agotar los recursos y el espacio vital. Sin embargo, otra causa de la escasez de recursos es la codicia en el corazón de las personas. Bajo su influencia, las personas se entregan al deseo de las cosas materiales, se vuelve derrochadoras y adictas a la posesión. La fuente de estos malos hábitos proviene del sufrimiento humano que se ha desarrollado durante miles de años. Estas miserias están grabadas en todos los aspectos de la cultura humana, afectando las creencias y comportamientos de las personas que, a menudo, conducen a más sufrimiento. No es sencillo deshacerse de este círculo vicioso, ni tampoco se puede resolver de la noche a la mañana. Sin embargo, a medida que las personas se vuelven más conscientes de ello y ven la esperanza, después pueden transformar el mundo con la ayuda de la micro democracia. Eliminando los Estados, la máquina de guerra más peligrosa, resolviendo las disputas pacíficamente, y gobernando el mundo de forma constructiva, esta maldición se terminará. Con el tiempo, la cultura humana irá reemplazando, poco a poco, el sufrimiento por la felicidad, cambiando la codicia por la moderación y, finalmente, alcanzará un hermoso mundo nuevo.

Los residentes originarios y los migrantes también son aliados de la micro democracia. La tecnología de la comunicación y los medios de transporte han hecho que viajar sea algo más conveniente y asequible. El constante movimiento de las personas es prevaleciente y se convierte en la nueva normalidad. El aumento en la escala de la migración ha traído impactos generalizados para la economía, la cultura y la política. A pesar de muchos elementos positivos en ello, los efectos adversos son más llamativos[6,7]. El problema central radica en la distribución de poder y beneficios entre los nuevos inmigrantes y los residentes originales, específicamente, la simplificación excesiva de los derechos de los inmigrantes. En las naciones modernas, cuando los inmigrantes se nacionalizan como ciudadanos, por lo general obtienen inmediatamente los mismos derechos políticos que los ciudadanos originales. Cuando hay una afluencia de un gran número de inmigrantes en un corto período de tiempo, se forma una fuerza política considerable capaz de impactar fuertemente el orden social y el estilo de vida local. Si estos inmigrantes comparten antecedentes económicos y culturales, es muy probable que susciten llamamientos políticos muy consistentes y superen en número a los votos de los originales. Tal impacto en la sociedad original será más evidente e inmediato. Así, no solo se ven perturbados en la vida diaria, sino que los ciudadanos originales pueden, incluso, convertirse en minoría en algunos contextos y perder el manejo sobre asuntos locales. Además, los grupos de inmigrantes, muchas veces, traen familias más numerosas y, a menudo, tienen una tasa de natalidad más alta, por lo que su proporción en la población crecerá más rápido, lo que agrava la ansiedad y el pánico de los ciudadanos originales. Hablando objetivamente, esta preocupación no es irracional. Cada vez más ejemplos han demostrado que la nacionalización de inmigrantes no siempre es un proceso de absorción de la economía y la cultura extranjera a las locales, sino que a veces es más una invasión. Cuando la economía y la cultura extranjera son relativamente atrasadas y a gran escala, esta invasión puede conducir a la destrucción y degradación de la civilización.

Viajar y reasentarse en el mundo de la micro democracia será más fácil para los migrantes, y menos molesto para los residentes originales. El diseño único de los pesos electorales aliviaría el impacto de las economías y culturas extranjeras y, al mismo tiempo, amortiguaría las contradicciones y conflictos potenciales entre inmigrantes y residentes originales. Los residentes originales pueden ajustar las reglas de los pesos electorales basadas en el tiempo para ganar prioridad en las decisiones. Cuando el factor tiempo tenga un peso considerable, los inmigrantes ya no podrán controlar los resultados de decisiones simplemente superando en número a los residentes originales, reduciendo así el impacto en la economía y cultura local. Este diseño parece causar desigualdades en los derechos democráticos. Sin embargo, dado que el tiempo de residencia previo de los migrantes también les dará un peso electoral adicional en sus lugares de origen, sus posibilidades de obtener un peso electoral basado en el tiempo serán iguales desde una visión holística. Además, a medida que los inmigrantes continúan viviendo en esta nueva región, gradualmente obtendrán más peso electoral basado en el tiempo de la misma manera que lo hicieron los residentes originales, hasta que eventualmente se conviertan ellos mismos en residentes originales. Los parámetros que establezcan los residentes originales para el peso electoral basado en el tiempo mostrarán en qué medida y con qué actitud dan la bienvenida a los inmigrantes en general. En conjunción con los otros dos tipos de pesos electorales, es decir, los pesos electorales de relevancia del interés y los pesos electorales de conocimiento, la población local puede afinar la aceptación hacia los inmigrantes con diferentes condiciones económicas y niveles de conocimiento. A su vez, esto motivará a los inmigrantes a mejorar proactivamente su nivel de conocimiento para obtener un mayor poder de toma de decisiones a un ritmo más rápido. En última instancia, esta interacción acelera el mejoramiento del nivel general de conocimiento de la sociedad.

Cabe señalar que los inmigrantes y los residentes originales son parientes entre ellos. Cualquier inmigrante que haya vivido en un lugar el tiempo suficiente se convertirá en un residente originario pariente de los recién llegados. Esta identidad está solo ligada al tiempo y no tiene nada que ver con otros factores como el lugar de nacimiento, raza, etnia, religión y cultura. Aunque los inmigrantes pueden llevar la desventaja en la toma de decisiones debido a que carecen del peso electoral basado en el tiempo, tales decisiones no deben afectar sus derechos humanos institucionales. Todavía tienen suficientes condiciones materiales y protección legal para vivir una vida digna en la zona. Solo necesitan respetar el estilo de vida y la cultura actual de los pueblos originales. Todavía más importante, los ajustes al peso electoral solo se pueden aplicar a los factores de interés, conocimiento y tiempo. Estos factores son iguales para todos, así como lo son las oportunidades para acumularlos.

Con el mecanismo mencionado anteriormente, la relación entre los inmigrantes y los residentes originales se volverá más armoniosa. Actualmente, los problemas de la inmigración son, en muchos casos, el resultado de la tiranía, la guerra y los desastres naturales, y las restricciones al flujo de personas agravan estos problemas, lo que aumenta la probabilidad de que los inmigrantes lleguen a áreas específicas en un período corto. En el mundo de la micro democracia, sin tiranía ni guerras, las personas pueden circular libremente y este movimiento moderado de personas se volverá normal y ya no parecerá una explosiva crisis social. La única excepción será la ola de refugiados causada por desastres naturales. Incluso en este caso, debido a que todo el territorio del mundo micro democrático aceptará a los refugiados de manera incondicional, la carga se equilibrará en todo el mundo en lugar de ejercer toda la presión en áreas limitadas.

Los idealistas y soñadores también son acérrimos aliados de la micro democracia. Están dispuestos a escuchar y crear nuevas ideas. El idealismo también los llena de coraje, por lo que se mantienen firmes al tratar de superar obstáculos en los momentos más desafiantes y ven las derrotas de dificultades como una prueba de su autoestima. Creen en el progreso de la sociedad y el deseo de hacer del mundo un lugar mejor. Sin embargo, en la realidad, pocas opciones fueron lo suficientemente practicas e impactantes. Incapaces de encontrar algo noble por lo cual valiera la pena luchar, estos guerreros del futuro están perdidos en la actual mediocridad de la vida diaria o están desperdiciando su pasión y talento en esos juegos comerciales. Una vez que entiendan y acepten la idea de micro democracia y se den cuenta de que esta es la clave para solucionar todos los problemas, entonces serán devotos de un objetivo superior y se convertirán en pioneros y guías de esta gran causa y encenderán la esperanza en las personas que los rodean.

Claramente, la generación más joven también es aliada de la micro democracia. Antes de que los corazones jóvenes hayan sido asfixiados por una difícil historia y restringidos por las cadenas de la vida, todavía tienen un poder mágico para crear lo posible a partir de lo imposible, la realidad a partir de lo irreal, y usar coraje, pasión y la sinceridad de la vida para construir un cielo en la tierra desolada.

Al final, cualquier persona común, joven o no, esperando milagros o no, creyendo que pueden ocurrir grandes cambios en este mundo o no, siempre y cuando esta persona mantenga la fe en la libertad, la igualdad y la justicia, siempre y cuando esta persona esté furiosa por lo desagradable y anhele la virtud, será un aliado de la micro democracia.

Después de reconocer los aliados de micro democracia, también señalemos algunos enemigos fuertes:

Los políticos tradicionales son enemigos de la micro democracia. Los políticos "tradicionales" son los políticos, partidos políticos, cabilderos y funcionarios gubernamentales de casi todos los sistemas políticos que tienen el poder de toma de decisiones. Bajo el sistema micro democrático, existen políticos "nuevos" diferentes de los anteriores, incluyendo líderes, agencias de policonsulta y partidos políticos, y algunos profesionales gubernamentales con poder de toma de decisiones a nivel microscópico para ejecuciones rutinarias.

El poder es adicto al poder. La principal prioridad de los políticos tradicionales es mantener el poder que ya tienen o tomar el poder que tienen otros. Algunas veces, también pueden hacer algunas obras buenas para servir a las personas, pero eso es más una forma y una consecuencia de ganar y mantener el poder. Si es necesario, no les importa cometer la mayor crueldad con el mismo propósito. El hambre de poder es una enorme ampliación del deseo de control y posesividad que los humanos heredamos de organismos primitivos, el cual se originó a partir de la sabiduría de la supervivencia en el cruel entorno natural. Sin embargo, los seres humanos han dominado la ciencia lo suficiente como para liberar a las personas de esta crisis interminable, y la cultura humana también está lista para saltar más allá de las necesidades biológicas y materiales para buscar la abundancia espiritual. Para completar este salto, la civilización humana debe trascender y eliminar esta adicción al poder, escapando del sufrimiento eterno y del destino de la autodestrucción. La evolución de la arquitectura política es el proceso de restringir y domesticar el poder. La gente ha inventado algunos sistemas políticos, tratando de guiar al poder para que promueva más la virtud que el mal a través de la moderación mutua y la supervisión de los poderosos, lo que lamentablemente siempre falla. El defecto fundamental del mecanismo de sistema de controles y equilibrio es que, para las personas en el poder, la conspiración es siempre una irresistible tentación, y el intercambio de intereses por debajo de la mesa es mucho más rentable y más seguro que seguir las reglas. Otra situación común es que las figuras poderosas dentro del sistema de controles y equilibrio son en realidad marionetas manipuladas por las mismas fuerzas debajo de la mesa; todo el mecanismo del sistema de controles y equilibrio es, en sí, un engaño.

Los dictadores son un tipo especial de políticos tradicionales. El poder absoluto les da ventajas extraordinarias para preocuparse menos por mantener el poder, lo que les da energía para perseguir grandes logros para satisfacer su realización personal. Si algunos de ellos son más inteligentes, estos logros son, a veces, beneficiosos para las personas. Sin embargo, esto nunca es garantizado. Los oprimidos solo pueden doblar sus rodillas para pedirle bondad a un dictador, y luego son bendecidos con pequeñas limosnas. Lamentablemente, el poder absoluto tiende más a seducir dictadores para que cometan actos arrogantes, tal vez solo así pueden disfrutar la emoción de ejercer el poder. Especialmente, cuando su poder está amenazado, la sangre fría y la brutalidad son casi siempre sus primeras reacciones, independientemente del costo para "su" gente. Evidentemente, en las etapas superiores de la civilización, las personas despiertas deben tener su destino en sus propias manos, en lugar de apostar por la suerte o suplicar piedad.

El único antídoto para las enfermedades anteriores es la descomposición de las autoridades centralizadas, devolviéndonos a la fuente de poder. Es decir, la única manera de proporcionar la solución definitiva a este problema es que cada ciudadano decida sobre cada tema. La micro democracia hace exactamente esto. Realmente, los nuevos políticos de la micro democracia no poseen el poder, pues los ciudadanos pueden revocar las delegaciones electorales en cualquier momento para recuperar el control. No tiene sentido construir una mansión de poder en arenas movedizas, así que, los nuevos políticos darán marcha atrás y se centrarán en servir fielmente a su pueblo en lugar de perseguir el poder.

Cuando el mundo de la micro democracia recupere el poder y lo devuelva al pueblo, los políticos tradicionales no se rendirán fácilmente. Sabotearán la tecnología para dañar el sistema micro democrático o provocar caos. Atacarán o sobornarán a líderes y seguidores de la micro democracia para hacerles renunciar a sus ideales. Fingirán comprometerse y engañar a la gente para que se mantenga en el statu quo con mucha carnada. Dividirán a las personas al alienar la raza, la nación, la religión y la clase para hacer que se malinterpreten, se odien y se peleen entre sí, haciéndolos incapaces de cooperar. Utilizarán el miedo a lo desconocido para fastidiar a las personas, y todas las medidas posibles para prevenir la llegada del nuevo mundo. De hecho, el camino de la micro democracia será accidentado, pero siempre que las personas anticipen estos obstáculos y vean a través de las tácticas de los enemigos, siempre que las personas se den cuenta de que la superioridad de la micro democracia nunca podría ser proporcionada y reemplazada por el viejo mundo, entonces perseverarán hasta la victoria final. La única cosa que hay que vigilar es no comprometerse. Nunca coloque un asiento para un político tradicional en un templo del nuevo mundo. Si cambian de opinión de manera genuina, entonces se convertirán en políticos nuevos, redescubriendo su valor en el mundo de la micro democracia.

Adicionalmente, los nacionalistas son los enemigos de la micro democracia. Son amantes de sus naciones y países, pero también temerosos y enemigos de los demás. Al igual que los tradicionalistas tribales en la sociedad primitiva, los tradicionalistas familiares en la sociedad feudal, los fieles a las naciones y los países también son producto de los tiempos. Las personas suelen favorecer las cosas con las que están familiarizadas y que son controlables, pero son temerosas y hostiles ante todo lo desconocido. Este miedo y hostilidad hace que los grupos desconocidos entren en conflicto, en lugar de cooperar. A sus ojos, "nuestra gente" son seres humanos reales, mientras que el resto del mundo está lleno de difusos símbolos homogéneos. Esos forasteros no son seres vivos, sino demonios con enemistades. Bajo la sombra de este pensamiento, las personas se resistirán a la libertad migratoria, se negarán a cooperar y rechazarán la llegada de la micro democracia.

En realidad, si los nacionalistas tienen la oportunidad de mezclarse con las personas de otras naciones y países y conocerse mejor en persona, probablemente reemplazarán los estereotipos nacionales con pensamientos, símbolos, preferencias y comportamientos de cada individuo. Los promoverá de ser fieles a las naciones a amantes de la humanidad y el mundo. Sin embargo, los nacionalistas y patriotas también son el objetivo de reclutamiento de los políticos tradicionales. Ellos seguirán recordándoles las glorias y humillaciones en la historia, usarán el honor y el odio de los colectivos para reforzar su identidad, borrarán su individualidad y humanidad y, eventualmente, los convertirán en guerreros del viejo mundo. Después de todo, la auto negación es difícil y dolorosa, pero al mismo tiempo, despertar y crecer es alegre y refrescante. La micro democracia debe de hacer mejores esfuerzos por ganarse el corazón de los nacionalistas con racionalidad, mentalidad abierta y amor por la humanidad, para que ellos mismos trasciendan y se mantengan firmes con el progreso y el futuro.

Además, el *Nuevo Orden Mundial*[8] es un enemigo de la micro democracia. El nuevo orden mundial mencionado aquí, no es ningún orden emergente para las operaciones mundiales. Se refiere, específicamente, a la alianza de fuerzas capitalistas globales con grupos religiosos secretos, y las organizaciones establecidas para lograr su agenda oculta. A simple vista, también intentan establecer un gobierno mundial centralizado dirigido por las élites, pero su verdadero círculo central es muy discreto y extremadamente secreto. Este misterio y encubrimiento mejora su fuerza y los ayuda a realizar operaciones fuera de la ley en silencio. El dinero y el cristianismo son sus principales instrumentos, por lo que su infiltración en las organizaciones políticas e instituciones de poder de las democracias occidentales es también la más profunda y exitosa. Sin embargo, no son amantes de la democracia y los derechos humanos. Nunca dudan en utilizar la conspiración, las mentiras, la corrupción, los dictadores y las guerras para lograr el propósito de ejercer el poder y el control, a costa de millones de vidas de civiles inocentes. En esencia, el nuevo orden mundial es una sociedad de esclavitud moderna dirigida por manos invisibles, bajo el manto de la globalización.

La idea de abolir las fronteras nacionales y establecer un gobierno mundial puede confundir a las personas creyendo que el nuevo orden mundial y la micro democracia comparten algunos puntos en común. Al contrario, los convierten en dos enemigos. Esto se debe a que su gobierno centralizado global integrará las fuerzas del mal en sus formas más potentes y engañosas, causando la amenaza y el daño más severo a la micro democracia. Por lo tanto, los constructores de la micro democracia deben reconocer claramente las distinciones fundamentales entre el nuevo orden mundial y la micro democracia: en primer lugar, un gobierno micro democrático es descentralizado y completamente distribuido. Es un sistema de democracia directa y nunca adoptará un sistema representativo. Segundo, el gobierno micro democrático debe divulgar la totalidad de la información, desde la recolección hasta el procesamiento. Evita que se utilice cualquier información errónea o la desinformación para manipular la opinión pública. Finalmente, siendo lo más importante, para luchar contra el nuevo orden mundial y otros enemigos, debe haber un mecanismo confiable para restaurar el sistema micro democrático de forma automática y rápida de cualquier desviación temporal causada por guerras o desastres naturales. En particular, este mecanismo debe ser capaz de detectar y atender casos de manejo pasivo o prolongación deliberada de amenazas externas, de modo que el nuevo orden mundial no encuentre espacio bajo el armazón de la micro democracia para infectar y robar los frutos de la democracia.

Para debilitar el apoyo de las personas a la micro democracia, sin duda los enemigos la difamarán, provocando malos entendidos, miedo y hostilidad en contra de ella. Por consiguiente, es necesario realizar aclaraciones y explicaciones preventivas de algunos de los desprecios y cuestiones que la micro democracia probablemente enfrentará.

Numerosas películas de ciencia ficción, programas de televisión y libros han descrito escenas de inteligencia artificial saliéndose de control, donde un robot tangible o invisible gobierna, esclaviza e incluso masacra a los humanos. Es evidente que la amenaza de la inteligencia artificial es un argumento fácil en contra de la micro democracia. Debido a que los países micro democráticos dirigen todos los procesos de toma de decisiones en los sistemas de información, ¿existe el riesgo de que el sistema sea jaqueado por las máquinas y se convierta en una herramienta para gobernar a los humanos? Como un experto en la tecnología de la información, me gustaría proporcionar algunas explicaciones simples para despejar las dudas de los lectores.

Muchas personas están convencidas de que el futuro será tan vívido como el imaginario generado por computadora en las películas, y muchas empresas también están tratando de entusiasmar a las personas con historias sobre la inteligencia artificial como un truco comercial. Aun así, a los ojos de expertos técnicos serios, la tecnología de la inteligencia artificial está considerablemente lejos de poder otorgarles a las maquinas una verdadera autoconciencia. Aunque muchos productos con impresionantes capacidades de interacción lingüística y de comportamiento han aparecido en el mercado, solo están imitando los comportamientos humanos sin realmente comprender, razonar o pensar. En el campo de la ciencia de la información, las simulaciones de los procesos de pensamiento son implementados como algoritmos, los cuales son programas computarizados diseñados por programadores. Sin embargo, muchos de los mecanismos centrales de las funciones del cerebro humano, como la asociación, la autoconciencia y el subconsciente, todavía no han sido completamente comprendidos, y mucho menos imitados y replicados. Por lo tanto, todos estos algoritmos actualmente apenas pueden simular las partes más superficiales y simples del pensamiento humano. En el análisis final, las propias capacidades (humanas) de los desarrolladores son las máximas restricciones a cualquier algoritmo. Hasta la actualidad, los informáticos no han encontrado ningún método para permitir que las maquinas, por sí mismas, desarrollen nuevos algoritmos. Hasta que ocurra un gran avance en este campo, la computadora nunca superará la capacidad de pensamiento de los humanos.

En comparación con el cerebro humano, las computadoras nos superan en ciertos aspectos como el procesamiento, almacenamiento y recuperación de datos. Desarrollando estas ventajas al extremo y agregando algunas características antropomórficas elegantes, las computadoras a veces pueden mostrar impresionantes efectos inesperados, dejando a las personas con la impresión de que las máquinas superan a los humanos. Claramente, las empresas tecnológicas también están contentos de crear una elegante visión de la inteligencia artificial para complacer a los clientes y accionistas. Pero detrás de estas ilusiones, las máquinas siguen siendo solo herramientas, sin conciencia, sin almas, y sin capacidad de evolucionar por sí solas.

Si la máquina puede, eventualmente, producir una conciencia por sí misma es todavía controversial. Al menos todavía no existe una evidencia convincente y confiable, o señales, de que la tecnología se está acercando a dicho avance. Es posible que los humanos nunca puedan darles a las maquinas una verdadera capacidad de razonamiento independiente y un alma. Sin embargo, sigo siendo cautelosamente optimista de que quizás después de un esfuerzo largo e incesante, la gente finalmente adquiera la tecnología adecuada para permitir que las máquinas adquieran conciencia de sí mismas y otras características de la vida. Pero, incluso, si esto sucede, no afectará a los sistemas de información micro democráticos. Es decir, porque cualquier programa que pueda, si fuera posible, hacer que la máquina tenga autoconsciencia y sea verdaderamente inteligente debe surgir de un conjunto de algoritmos especializados complejos, llamados programas de algoritmos intensivos. Los sistemas de información micro democráticos no necesitan, ni deben, utilizar un programa de algoritmo intensivo. Aunque la cantidad de datos procesados por el sistema de información micro democrático es masiva, la lógica de procesamiento para estos datos es relativamente simple, ya que la mayoría son puramente cálculos numéricos y estadísticos, con una complejidad comparable a los actuales sistemas bancarios centrales. Encaja en la categoría de sistemas de registros de datos intensivos, una especie completamente diferente a la de los programas de algoritmo intensivo.

Toda la lógica central de la micro democracia está por completo en este libro. Cualquier ciudadano con una educación primaria debe poder entenderla sin esfuerzo. En consecuencia, el sistema de información micro democrático la implementa utilizando algoritmos bastante sencillos. La mayoría de desarrolladores de software que han recibido una formación integral en programación, deberían ser capaces de construirlos sin problema. El código fuente del programa completo de este sistema debe publicitarse de manera incondicional para que cualquiera pueda aprender e inspeccionar su lógica interna para protegerlo de cualquier código malicioso. Con el principio de lograr su objetivo funcional, su arquitectura y diseño debe ser lo más simple posible. Un sistema creado con tales algoritmos sencillos nunca producirá la llamada autoconciencia. La supervisión pública también bloquea cualquier intento de introducir sospechosamente algoritmos complejos en el sistema.

Como una nota adicional, en los sistemas micro democráticos, la gran mayoría de las decisiones provienen de las estadísticas de los récords electorales de las personas, indicando que las personas son las que toman las decisiones, mientras que las máquinas simplemente ayudan con los cálculos. Las únicas excepciones son las decisiones sobre los casos judiciales. El sistema micro democrático puede introducir la toma de decisiones automatizada, para que los masivos precedentes legales históricos puedan ser recuperados y referenciados eficientemente, haciendo que las decisiones legales sean más justas y consistentes. Sin embargo, incluso en este caso, la decisión asistida por las máquinas nunca puede ser la decisión final. Siempre que una de las partes apele, la decisión final debe ser tomada por un ser humano. Por lo tanto, el poder de toma de decisiones micro democrático siempre está completamente en manos de las personas, no de las máquinas.

Otra amenaza, muchas veces representada en obras literarias y artísticas, es la vigilancia omnipresente, el control, la esclavitud y la persecución del pueblo por los dictadores, Estados policiales o hackers ayudados por dispositivos electrónicos y las redes. Frente a las enormes ventajas de las herramientas de alta tecnología, las personas renuncian, sin poder hacer nada, a sus derechos humanos y la libertad social. Una escena así, ya no es ciencia ficción, sino que se está convirtiendo rápidamente en realidad. Si existe alguna tecnología que pueda ayudar a los gobernantes a consolidar y expandir su poder para controlar al pueblo, la usarán y le sacarán el mejor provecho sin dudarlo. Al planear incidentes de seguridad y exagerar las amenazas, despliegan estas tecnologías en nombre de la seguridad nacional y el orden social. Además, algunas mejoras en la eficiencia de los servicios públicos y la conveniencia de vida ayudan a convencer a las personas para que adopten estas tecnologías. Sin saberlo, los gobernantes han construido grandes redes de vigilancia para espiar las vidas de los ciudadanos utilizando millones de cámaras, para controlar todas las finanzas de las personas mediante el dinero electrónico y para observar la comunicación de los ciudadanos a través de las redes sociales, y lavarles el cerebro con información falsa. Así, los gobernantes pueden actuar como el pastor arreando el rebaño, jugando a ser dios, cosechando la piel, la lana y la carne a su gusto. Cuando las personas se dan cuenta de lo que está pasando, si alguna vez lo hacen, ya todo se ha vuelto irreparable.

Entonces, ¿se convertirá el sistema de información micro democrático, que también es un sistema de red a gran escala, en una herramienta para incrementar las amenazas anteriores, o incluso servir como el centro de estas conspiraciones? La respuesta es no, por las siguientes razones:

En primer lugar, la micro democracia no es obligatoria. Los ciudadanos son libres de decidir en qué medida les gustaría usar el sistema y participar en la toma de decisiones democrática. Si una persona desea involucrarse profundamente en la política, puede necesitar proporcionar más información personal para recibir pesos electorales adicionales, o para calificar en ciertos roles como agentes de opinión pública. Pero, si esta persona prefiere separarse completamente de las actividades políticas, entonces puede ignorarla totalmente. Por tal caso, en el sistema micro democrático, los pesos electorales de esta persona serán ejercidos por sus delegados designados o el partido primario preestablecido.

En segundo lugar, bajo el sistema micro democrático, la información está totalmente abierta y es accesible para todos de manera igualitaria. El ciclo de vida completo de cualquier resolución está bajo el foco y el microscopio a través del procedimiento definido con reglas abiertas, y estas mismas reglas y procedimientos son configurados por todas las personas, también de manera democrática. Los ciudadanos tienen la opción de elegir si publicar sus récords electorales o no, pero los récords electorales de las agencias de policonsulta deben estar completamente abiertos al público. El derecho a saber, bajo los derechos humanos institucionales, requiere que cualquier información pública se ponga a disposición del público en general sin discriminación o condición. Incluye, pero no se limita a cualquier información social relacionada a los pesos electorales, toda la información sobre eventos públicos, y la vigilancia en lugares públicos. Al mismo tiempo, la privacidad de las personas es estrictamente protegida, ningún sistema tiene derecho a registrar y divulgar la información privada sin el consentimiento de la persona. Bajo los principios anteriores, ya no existe una minoría privilegiada que pueda espiar las vidas privadas, obtener y bloquear información exclusiva bajo el pretexto del secreto gubernamental, ni filtrar y tergiversar la información pública e impedir el discurso de los ciudadanos.

Además, el sistema de información micro democrático es independiente. No necesita, ni debe vincularse, con ningún sistema de control externo (como los sistemas de vigilancia, los sistemas de control de instalaciones públicas, los servicios sociales de derechos humanos no institucionales y los sistemas comerciales, etc.), y, ciertamente, no depende de ellos. Por lo tanto, el riesgo de aprovechar las vulnerabilidades de esos sistemas conectados para controlar y sabotear es prácticamente nulo.

El sistema micro democrático no solo se abstendrá de convertirse en el cómplice del dictador para gobernar al pueblo, sino que, en realidad logrará lo contrario derrotándolo. Debido a que los gobiernos actuales están acelerando el despliegue de la tecnología para monitorear, controlar y esclavizar, las personas lo ven más. Sin embargo, mientas las personas muestren fuerte resistencia hacia la tecnología, apuntan menos al punto crucial del asunto: la clase dominante y el propio sistema político. Al estar fuera de lugar, tales resistencias en contra de la tecnología no solo no solucionan ningún problema, sino que son fácilmente denigradas como extremistas o incluso actos terroristas y, por lo tanto, marginadas, lo que dificulta el desarrollo de un apoyo generalizado de las masas. La micro democracia aborda los problemas desde un nivel más profundo. Revela la relación lógica entre la tecnología y las políticas, identifica exactamente cuáles tecnologías y políticas representan amenazas para el bienestar público y la sociedad libre. Luego, propone constructivamente las formas y principios para utilizar la tecnología avanzada en beneficio de la humanidad. En el análisis final, el uso de la información no es a lo que las personas deberían oponerse; sino a la asimetría de la información. Si todas las personas tienen acceso a la información de forma igualitaria y completa, entonces la información se convertirá en el mejor amigo de las personas.

El sistema micro democrático tiene muchos parámetros ajustables, incluyendo fórmulas de peso electoral, fórmulas de remuneración de los votos delegados, reglas predeterminadas de selección de delegaciones, reglas de revalidación de resoluciones, calificaciones de agentes de opinión pública, y procesos de toma de decisiones, etc. Diferentes configuraciones de estos parámetros resultarán en diferentes estilos de toma de decisiones. La dinámica de las combinaciones de los parámetros, junto con las resoluciones históricas y las siempre cambiantes condiciones externas, harán que la evolución de una sociedad micro democrática esté llena de responsabilidades y variaciones. El estudio de estas combinaciones y dinámicas es suficiente para formar disciplinas independientes de la política y administración pública. La regularidad será más predecible y controlable, a medida que se acumule la experiencia de las personas, ayudándoles a descubrir un equilibrio favorable entre la estabilidad y el desarrollo de la sociedad. Al comienzo de las prácticas micro democráticas, las personas pasarán, inevitablemente, por una curva de aprendizaje y una práctica de prueba y error. En esta etapa, es probable que aparezcan algunas configuraciones irrazonables, causando algunos defectos y confusión temporal. El ajuste dinámico y la competencia pacífica entre regiones ayudarán al surgimiento de esas configuraciones más científicas y superiores, gradualmente deshaciéndose de aquellos más irracionales, perfeccionando así el mundo de la micro democracia. Sin embargo, el caos inicial aún puede ser inevitable, ya que los enemigos de la micro democracia no perderán ninguna oportunidad de atacar el sistema micro democrático durante las dificultades temporales de su etapa inicial.

Aunque el periodo inicial experimental de la micro democracia es inevitable, algunas estrategias pueden ayudar a reducir los efectos adversos. El primer factor importante es evitar una configuración de parámetros demasiado agresiva. Incluso, si las personas quieren realizar algunos intentos audaces, deben dividirla en etapas para que cada paso sea relativamente pequeño y fácil de ajustar. En segundo lugar, deben evitar repeticiones frecuentes y permitir el tiempo suficiente para que cada configuración se desarrolle y revele sus características por completo, a fin de orientar los ajustes posteriores para que sean más razonables y científicos. Además, es importante dividir mejor las regiones de toma de decisiones, incluso si parece ser demasiado al principio. De este modo, las personas pueden experimentar con diferentes configuraciones en varias regiones en paralelo, comparar sus ventajas y desventajas, y observar sus interacciones, para que la ciencia de la configuración de la micro democracia evolucione más rápido. Además, este enfoque hace que sea relativamente fácil aislar algunas configuraciones insuficientes para que sus efectos adversos estén restringidos y reducidos. Finalmente, las personas deben establecer expectativas razonables del proceso de perfeccionamiento de la micro democracia y adoptar conscientemente una estrategia relativamente conservadora para que estén mejor preparados para las dificultades en el proceso inicial de prueba y error. De esta manera, la difamación, las amenazas y la destrucción en los primeros días pueden mitigarse, de modo que la micro democracia pueda entrar en un estado de funcionamiento estable de manera más rápida y fluida.

Los ataques personales siempre han sido un repertorio en la política, particularmente en la democracia representativa, y la razón es evidente: la identidad del representante proviene del voto que depende de la imagen pública del candidato. Socavar la reputación del competidor es debilitar su fuerza y magnificar la ventaja propia. Además, los ataques personales también son un truco para desviar atención, para que la atención de las personas se centre en las características de los candidatos, en vez de las decisiones sobre asuntos públicos que realmente importan.

Los enemigos, indiscutiblemente, usarán sus armas conocidas para atacar a los creadores, defensores y participantes de la micro democracia, lanzarán agresiones personales en contra de ellos, cuestionarán sus motivos, denigrarán sus personalidades, y excluirán a las personas con ciertas identidades y antecedentes. Sin embargo, estos ataques son mucho menos letales para la micro democracia. Esto se debe a que adquirir el poder electoral de los votantes no es el objetivo de los activistas de la micro democracia, y no se les concederá ningún privilegio por parte del sistema político. Incluso, si reciben la delegación de los votantes, ellos pueden retirarla en cualquier momento. Por consiguiente, los motivos, la conducta personal y las habilidades de las figuras políticas, en realidad, no afectan los derechos e intereses de las personas. Cuando las personas se den cuenta de este hecho, trasladarán sus ojos a las ventajas del propio sistema y al contenido de cada tema específico, en lugar de los problemas personales de los nuevos políticos. Al final, será contraproducente para los políticos tradicionales que juegan el juego del ataque personal.

Cuando todo el país funciona con un sistema de información, su confiabilidad y seguridad son vitales. Los incidentes de seguridad ocurren todo el tiempo en la era del internet, y las preocupaciones al respecto son totalmente razonables. Por supuesto, los enemigos nunca perderán la oportunidad de exagerar los riesgos potenciales del sistema micro democrático, cuestionar su viabilidad y socavar la confianza de las personas.

Para esas amenazas de seguridad comunes a los sistemas de información, las industrias han desarrollado tecnologías avanzadas y estrategias integrales para poder prevenir y responder. De hecho, casi todos los accidentes de seguridad pueden atribuirse a una inversión insuficiente, un deficiente diseño e implementación y regulaciones de seguridad imperfectas. Se pueden evitar a través de firmes medidas defensivas, o su impacto puede mitigarse a un nivel aceptable a través de estrategias de contingencia adecuadas. Por ejemplo, al lidiar con una falla del equipo, tácticas como la redundancia, el equilibrio de carga y la conmutación por error, pueden evitar fracasos de un solo punto para prevenir las interrupciones del servicio. Por la amenaza de virus informáticos y la piratería, elegir un sistema operativo confiable con una sólida protección de seguridad puede reducir el riesgo significativamente, más aún para un entorno de red estrictamente dividido. Por ejemplo, con estas rigurosas protecciones, el sistema básico de la computadora central de IBM[9], ampliamente utilizado en el sector financiero, nunca ha sido penetrado o infectado por ningún virus en décadas. Aparte de la estrategia de construir una fortaleza central indestructible, con el desarrollo de las tecnologías computarizadas en la nube, también han surgido estrategias de seguridad distribuidas y descentralizadas[10]. En dicha arquitectura, existen casos en los que los servicios se alojan en muchos nodos de toda la red, colaborándose y respaldándose entre sí. Cuando ocurren accidentes, que provocan la falla de algunos nodos, otros nodos normales aún son suficientes para dar servicio al funcionamiento ininterrumpido general de la plataforma, y también para ayudar a los nodos fallados a recuperarse.

Los registros de protección de los sistemas de información críticos muestran que los defensores presentaron un enorme éxito sobre los atacantes e intrusos. Incluso para esos raros incidentes de fallas, los sistemas siempre se pueden reparar y restaurar en poco tiempo. Entre esos accidentes, la mayoría se caracteriza por ser fugas y robo de información confidencial; es mucho más raro manipular los datos o destruir el propio sistema. La idea de la micro democracia cree que las actividades políticas deben ser abiertas y transparentes para todos los ciudadanos, por lo que no se supone que los datos sean confidenciales desde el inicio. Por el contrario, el sistema debe, activamente, proporcionar canales y funciones para hacer accesible la información al público tanto como sea posible. No hay tal cosa como un "robo" de información, ya que pertenece a todos. La única excepción es una pequeña cantidad de información personal de los ciudadanos, almacenada en el sistema para apoyar ciertas operaciones, como calcular los pesos electorales o las delegaciones. Este tipo de información solo involucra la información de identidad de los ciudadanos y los registros de sus actividades políticas, que no necesariamente contiene información confidencial de la vida personal.

Otro ataque típico es consumir, de manera maliciosa, recursos masivos del sistema, haciendo que este sea inaccesible para los usuarios durante un cierto periodo de tiempo. Este tipo de ataque se conoce comúnmente como ataque de Denegación de Servicio (DoS)[11], que a menudo causa importantes pérdidas financieras para las operaciones comerciales a gran escala. Después de todo, cada minuto que el sistema esté desconectado puede resultar en la pérdida de clientes y el desvío de ventas a competidores. Sin embargo, para las operaciones en la micro democracia, tal incidente tiene un impacto relativamente leve. Esto se debe a que la sensibilidad temporal para las actividades de votación es baja y, por lo tanto, posponer durante horas o incluso días no tendrá un gran impacto desde la perspectiva de la actividad política en la mayoría de los casos. Ciertamente, en teoría, un sistema micro democrático debe poder proporcionar servicios ininterrumpidos durante todo el día. Aun así, si se compara con las rutinas de trabajo de cinco días y ocho horas utilizadas en las instituciones políticas y gubernamentales actuales, ha superado con creces el requisito básico para la operación del gobierno. Incluso, si el nivel del servicio del sistema baja mucho, por ejemplo, brindando solo 12 horas de servicio por día, dedicando el resto del tiempo para mantenimiento del sistema o permitiendo cortes frecuentes, aunque es menos placentero, todavía es suficiente para apoyar las operaciones políticas.

No importa qué tan estrictas sean las medidas de seguridad, un plan de recuperación siempre es necesario. Hoy en día existen muchas soluciones técnicas sofisticadas y confiables para la protección de sistemas y la recuperación ante desastres, las cuales siguen evolucionando y desarrollándose. La introducción de dichas soluciones está, obviamente, fuera del alcance de este libro, pero este conocimiento está ampliamente disponible a través de varios canales para que los lectores interesados lo sigan estudiando.

Más allá de esas soluciones técnicas convencionales, un único acercamiento proporcionará una protección incomparable para la micro democracia. Eso es para distribuir regularmente todo el código fuente del sistema y toda la información del funcionamiento democrático a los dispositivos personales de todos los ciudadanos. Basado en la estimación del posible volumen de datos, si solo se respaldan los datos numéricos y de texto, con la tecnología de compresión de datos adecuada, el paquete de datos será mucho más pequeño que los archivos de video de una película. Cualquier teléfono inteligente de gama alta es suficiente para guardar estos datos sin ningún problema. En un ambiente de red de alta velocidad, la transmisión de todos los datos puede ser completada en cuestión de minutos o antes. De esta forma, el completo conocimiento y los datos históricos de la micro democracia residirán en cada dispositivo electrónico, al igual que existe una copia de genes en cada célula de cada criatura viviente. Con este tipo de protección, no importa qué tipo de daño sufra el sistema micro democrático, siempre y cuando uno de esos dispositivos electrónicos sobreviva en todo el mundo, la función del sistema micro democrático y su historial completo se pueden restaurar por completo.

Con el análisis anterior, vemos que la tecnología no será un obstáculo para la realización de la micro democracia; más bien, aquellos enemigos humanos poderosos son la verdadera amenaza. Teniendo esto en consideración, visualicemos los tres caminos de implementación más probables para el nacimiento de los países micro democráticos:

Camino uno: **despegar**

Poner a prueba la micro democracia en una región administrativa especial, mejorar y expandir gradualmente hasta darle forma a un Estado, o convertir directamente algunos mini países independientes en naciones micro democráticas, reestructurando directamente el gobierno y haciendo cumplir las leyes micro democráticas.

Este camino requiere la cooperación de los residentes locales, el apoyo de políticos visionarios, y una considerable ayuda financiera para establecer y mejorar la infraestructura micro democrática. En una situación ideal, es la forma más sencilla y razonable de llevar a cabo la micro democracia. Todo el proceso opera de manera preparada y ordenada con planificación cuidadosa y suficientes suministros de material, para que la transición de la vida de la población local sea estable y fluida. Sin embargo, algunos requisitos necesarios para este camino son difíciles de cumplir. Debido a que la micro democracia es la trascendencia y la negación de las naciones modernas, y los políticos tradicionales son sus enemigos naturales, delimitar zonas especiales en una nación moderna existente, con el apoyo de políticos tradicionales, solo puede ser posible en algunos casos extremos. Por ejemplo, las crisis políticas y económicas pueden obligar a los políticos a comprometerse con las opiniones públicas. Sin embargo, en situaciones tan críticas, la falta de recursos y la inestabilidad social también hace que la implementación sea más complicada. El apoyo financiero es crucial, pero dicho apoyo debe permanecer siendo incondicional y altruista, sin negociar ningún privilegio especial con nadie, para evitar que la micro democracia sea jaqueada y manipulada por el capital. Otro riesgo es que los enemigos fingen su apoyo y, en secreto, llevan a cabo interferencias y destrucción. Lo que realmente quieren es mostrarle al mundo un fracaso catastrófico y disipar la confianza y esperanza de las personas hacia la revolución de la micro democracia. Los pioneros de la micro democracia deben ser sabios para diferenciar los tipos y las verdaderas intenciones de varios simpatizantes, rechazar y resistir aquellos que sean falsos y maliciosos, adherirse a los principios de la micro democracia, y no hacer compromisos aparentemente inofensivos, pero prácticamente peligrosos.

Camino dos: **reconstruir**

Crear un nuevo país micro democrático desde cero en un continente nuevo, deshabitado y reconstruir directamente la civilización.

Debido a que las naciones modernas han ocupado, durante mucho tiempo, toda la tierra fértil de este planeta, lo que queda son desiertos estériles, tierra salvaje, campos de hielo y océanos. Se requieren pioneros de ideas afines, con convicción y sacrificio inquebrantables, para trasladar la civilización humana a tierras primitivas con extraordinario coraje y resistencia. Sin duda, este camino enfrenta enormes desafíos en términos de espacio, tiempo, material y tecnología. Sin embargo, este enfoque ha aliviado la dificultad de transformar las ideas y estilos de vida existentes de los residentes. Dado que todos los participantes son campeones de la micro democracia, el logro e implementación de las resoluciones será más eficiente y eficaz, al mismo tiempo que facilitará la detección y el manejo de la disrupción de enemigos externos. Para estos pioneros entusiastas y optimistas, aceptar las dificultades anticipadas y superarlas juntos, creando los logros épicos de la nueva civilización no será difícil, sino la fuente de motivación heroica y felicidad.

Camino tres: **transformar**

Alentar a las personas a practicar la micro democracia en diversos entornos y condiciones. Comenzar con las decisiones de la vida diaria, en lugar de utilizarla directamente para la operación del gobierno y la formulación de políticas de una sola vez. Después de que las personas se familiaricen con ella, y que las técnicas de configuración de la micro democracia se perfeccionen y maduren, este método de toma de decisiones se extenderá naturalmente a asuntos públicos más complejos hasta que sea capaz de simular el gobierno en el mundo de la red virtual.

Por supuesto, la simplificación de la micro democracia en la práctica temprana perjudicará muchas características y ventajas fundamentales; la ausencia de derechos humanos institucionales afectará, especialmente, a la igualdad general de la toma de decisiones. Cuando las personas se den cuenta de este problema, estarán cada vez más ansiosos por implementar estos derechos humanos institucionales en el mundo real, formando un fuerte impulso para que las personas lleven la micro democracia a la vida política de la realidad. Sin la micro democracia simplificada opera un mundo virtual transfronterizo, entonces cuando llegue al mundo real, es probable que también sea transfronterizo o incluso de alcance global. Por ejemplo, varios países existentes pueden, gradualmente, ceder parte de la autoridad de toma de decisiones al sistema micro democrático en el mundo virtual siguiendo fuertes demandas de las personas. Después de que una porción de poder se transfiere y se vuelve estable, otras piezas pueden seguir. Si ese camino funciona, el impacto en las personas será mínimo, al igual que el riesgo de la realización de la micro democracia.

Sin embargo, este camino tiene sus riesgos particulares: todo el proceso puede ser jaqueado por políticos tradicionales. Las élites de la globalización del viejo mundo pueden tomar ventaja de la ausencia de los derechos humanos institucionales en la micro democracia simplificada y abusar de los pesos electorales adicionales a partir de sus conocimientos y experiencias existentes, para poder consolidar y fortalecer sus privilegios durante la transición, luego seguir disfrutando esos beneficios del viejo mundo durante mucho tiempo. O peor aún, podrían transformar astutamente el sistema micro democrático en un sistema diferente para obtener privilegios. En respuesta a este problema, son necesarios arreglos especiales para el periodo de transición. Es decir, debe haber un acortamiento del tiempo activo de las resoluciones tomadas antes de la presencia de derechos humanos institucionales y una revalidación de todas las políticas una vez que se implementen los derechos humanos institucionales. En otras palabras, todas las decisiones tomadas en la micro democracia simplificada se consideran temporales, solo las revalidaciones bajo la presencia de los derechos humanos institucionales se clasifican como resoluciones oficiales.

Ninguno de los caminos anteriores se basa en la violencia o la destrucción. Sin duda, las personas tienen todo el derecho a resistir, incluso violentamente, la opresión y persecución del antiguo sistema, pues esto es, sin duda alguna, moralmente justificable. Sin embargo, la violencia rebelde y la violencia opresiva son igualmente peligrosas y tóxicas para la micro democracia, y pueden fácilmente desviar la causa revolucionaria de su intención original y dejar que la fuerza tome el trono del poder. En consecuencia, el camino no violento es la opción preferida para la micro democracia sobre las otras opciones. Incluso, si en el camino hacia la micro democracia se necesita algo de violencia en contra de las fuerzas antiguas como un mal necesario, luego de alcanzar el éxito, deben ponerse en práctica pasos adicionales no violentos para la purificación y normalización del sistema.

algo de violencia en contra de las fuerzas antiguas como un mal necesario, luego de alcanzar el éxito, deben ponerse en práctica pasos adicionales no violentos para la purificación y normalización del sistema.

El funcionamiento de la micro democracia se implementa utilizando reglas y parámetros. Bajo el sistema micro democrático, una combinación específica de reglas y parámetros es un conjunto de configuraciones técnicas. Las regiones individuales, en todos los niveles, pueden funcionar con sus configuraciones técnicas independientes. Cada conjunto de configuraciones tiene sus características únicas, las cuales tienen una influencia significativa en el estilo de toma de decisiones, el estilo de vida y la dirección del desarrollo social de esa región. La interacción interregional y la auto evolución social reflejan esencialmente las interacciones de sus entornos técnicos subyacentes. Esto forma un ecosistema cuando todas las regiones interactúan constantemente entre sí dentro de un país micro democrático. El estudio de estas reglas, parámetros, combinaciones y sus implicaciones sociales es una ciencia en su naturaleza. Esta ciencia les ofrece a las personas un nuevo instrumento para comprender y predecir los efectos de los elementos anteriores en una sociedad micro democrática y respondiendo conscientemente para alinearse con el objetivo de maximizar la utilidad social.

La micro democracia fomenta la diversidad y el libre desarrollo de la sociedad, por lo que es abierta e inclusiva para diferentes configuraciones técnicas. Promueve el pleno desarrollo y evolución de las sociedades en diferentes regiones, proporcionando opciones más amplias para los caminos de la civilización. Sin embargo, también es necesario tener en cuenta que ciertos valores extremos o combinaciones particulares dañan la igualdad, la libertad y la utilidad social y, por lo tanto, requieren un cuidado adicional.

Por ejemplo, para establecer el alcance o radio del peso, si el peso electoral de la relevancia de los intereses es desproporcionadamente más alto que otros pesos, y el activo personal es el elemento principal de la formula, entonces el capital y la riqueza, en lugar de las personas, ganan un poder político significativo. Esto traerá enormes beneficios a los pocos ricos. Y si la proporción del peso electoral de la relevancia del tiempo aumenta exponencialmente, las personas mayores y los residentes originales obtienen la enorme ventaja de los derechos civiles, haciendo que los jóvenes y los inmigrantes sufran una severa represión. Otro ejemplo podría ser que, si en los procedimientos democráticos la frecuencia de revalidación de las resoluciones es muy baja, como cada cincuenta años o más, o las condiciones de activación son demasiado duras, invalidará el mecanismo de revalidación. Así, los intereses establecidos pueden asegurar la resolución a su favor por mucho tiempo, incluso para siempre. Claramente, la importancia de los principios micro democráticos es evidente, sin embargo, solo con la cooperación de configuraciones técnicas razonables se pueden lograr los objetivos esperados.

Afortunadamente, los derechos humanos institucionales micro democráticos brindan la mejor seguridad, incluso cuando aparezcan configuraciones extremas y combinaciones inusuales de esos parámetros; las personas siguen estando protegidas y disponen del canal eficaz para corregir estas desviaciones. Los derechos humanos institucionales son restricciones virtualmente obligatorias de los parámetros políticos, evitando que alcancen rangos extremos específicos. En este sentido, la micro democracia no es más que un sistema político que establece, de forma única, sus parámetros de derechos humanos institucionales. Más allá de estas restricciones de parámetros, otros sistemas políticos también pueden ser definidos, representados y categorizados mediante parámetros.

Para estudiar la naturaleza de los sistemas políticos por debajo de la superficie, la parte restante de este capítulo presenta un nuevo modelo analítico de democracia social, junto con algunos indicadores cuantitativos. Con estas herramientas las personas pueden realizar análisis cualitativos objetivos y comparaciones horizontales de varios sistemas políticos, y concluir con la superioridad de la micro democracia de manera razonable. Sin embargo, para los lectores que no están familiarizados con los métodos analíticos científicos, el siguiente contenido puede parecer poco claro. En tal caso, omitir esta parte no afectará al lector en su completa comprensión de los conceptos de la teoría micro democrática.

El *Análisis de Granularidad de la Toma de Decisiones Políticas* o *PDGA* (del inglés: *Political Decision-making Granularity Analysis*) estudia la distribución y combinación granular de sujetos y objetos en la toma de decisiones políticas. El propósito es encontrar sus características, o patrones, de toma de decisiones, y luego predecir su impacto en los resultados de las decisiones (abreviado como *Análisis Granular* o *GA*, del inglés: *Granular Analysis*). Implica principalmente los siguientes indicadores y conceptos:

- La *Granularidad del Sujeto de Toma de Decisiones Políticas* o *PDSG* (del inglés: *Political Decision-making Subject Granularity*) se refiere a la proporción de sujetos de toma de decisiones (aquellos que participan en la toma de decisiones políticas y que tienen un impacto sustancial en su resultado) en comparación con la población (abreviado como *Granularidad del Sujeto* o *SG*, del inglés: *Subject Granularity*). Sus valores van de 0 a 1 (o de 0% a 100%). El valor 0 indica que el sujeto mencionado anteriormente es la unidad más pequeña de toma de decisiones en la sociedad, es decir, ciudadanos individuales, lo que refleja que el radio de un individuo para el número total de ciudadanos es, aproximadamente, 0%. Un aumento gradual de este valor indica que la proporción de representación poblacional del sujeto de toma de decisiones, es decir, representantes o delegados, aumentó gradualmente en el contexto de las actividades de toma de decisiones. El valor 1 representa el más alto y único representante o delegado de toma de decisiones, es decir, un dictador, quien tiene el máximo poder en la nación y toma las decisiones por todos los ciudadanos (100%).

- La *Granularidad del Objeto de Toma de Decisiones Políticas* o *PDOG* (del inglés: *Political Decision-making Object Granularity*) se refiere a la proporción de ciudadanos abarcados y afectados por los objetos de toma de decisiones (es decir, cuestiones de toma de decisiones políticas) en las actividades de toma de decisiones (abreviado como *Granularidad del Objeto* o *OG*, del inglés: *Object Granularity*). Su valor va de 0 a 1 (o de 0% a 100%). El valor 0 significa una toma de decisiones extrema y precisa, y su alcance se limita a un individuo especifico o un grupo pequeño, cuyo número representa, aproximadamente, el 0% de la población. Un aumento gradual de este valor indica que el objeto de la decisión, el asunto de la decisión, está afectando gradualmente a una proporción creciente de la población. El valor 1 significa grandes asuntos universales, como las políticas nacionales, etc., que afectarán a todos los ciudadanos (100% de la población).

- El *Mapa de Granularidad de Toma de Decisiones Políticas* o *PDGM* (del inglés: *Political Decision-making Granularity Map*) es una tabla bidimensional con granularidades de sujeto y objeto como los ejes verticales y horizontales, respectivamente, para revelar el modo de toma de decisiones del gobierno (abreviado como *Mapa de Granularidad* o *GM*, del inglés: *Granularity Map*). La Figura 9.1 es un ejemplo de mapa de granularidad que muestra el modelo de decisión para un sistema político ficticio. El área sombreada en gris en este ejemplo es el *Patrón de Granularidad de Toma de Decisiones Políticas* o *PDGP* (del inglés: *Political Decision-making Granularity Pattern*) de este sistema político, el cual ayuda a analizar el patrón y las características de su toma de decisiones (abreviado como *Patrón de Granularidad* o *GP*, del inglés: *Granularity Pattern*). Generalmente hablando, entre más bajo sea el valor del eje vertical, más involucrados estarán los ciudadanos individuales o grupos pequeños en la toma de decisiones políticas. Indica que las actividades políticas están más cerca del populismo, así como popularizadas por el rango de granularidad correspondiente. Un valor mayor muestra que la decisión política del alcance correspondiente del objeto de granularidad está más concentrada en menos tomadores de decisiones. Hasta cierto punto, un aumento en este valor también refleja una mejora en la eficiencia de la toma de decisiones políticas. Sin embargo, la eficiencia de la toma de decisiones no es necesariamente proporcional a la calidad de las decisiones. Esto se debe a que existen diferentes perspectivas y criterios para medir la calidad de las decisiones, y existen muchas interpretaciones. La situación más común es que los tomadores de decisiones toman las decisiones más favorables para sus propias clases y grupos, y otras personas o grupos cargan con los costos y efectos adversos correspondientes. Por lo tanto, las posiciones de los jueces determinan las conclusiones. Si decidimos juzgar desde la perspectiva del utilitarismo social, podemos inferir, a grandes rasgos que, cuanto menor es el valor del eje vertical, es decir, cuanto más la decisión sea tomada directamente por el pueblo en general, mayor es la probabilidad de que exista la utilidad social y la sociedad esté más encaminada al objetivo perseguido por la micro democracia.

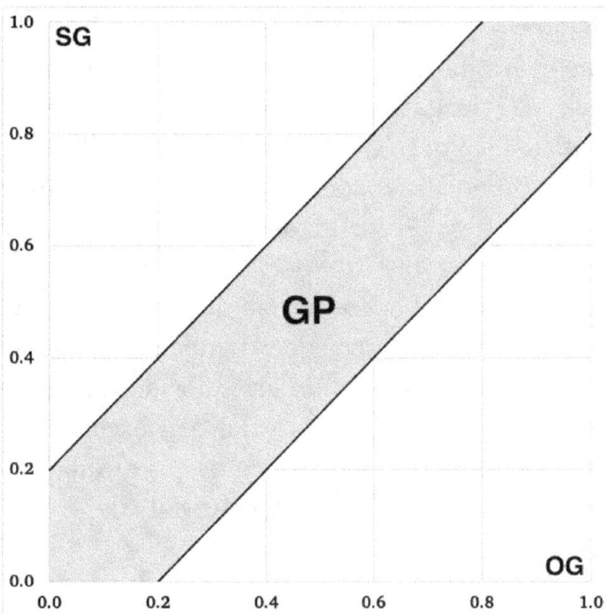

Figura 9.1 Mapa de granularidad: un sistema político ficticio.

La *Zona Característica de Granularidad de la Toma de Decisiones Políticas* o *PDGCZ* (del inglés: *Political Decision-making Granularity Characteristic Zone*) se refiere a las cinco áreas en el mapa de granularidad que representan diferentes estilos y características de toma de decisiones (abreviado como *Zona Característica de Granularidad* o *GCZ*, del inglés: *Granularity Characteristic Zone*). Como se muestra en la Figura 9.2, las cinco áreas con el contorno de líneas punteadas y marcadas por números son la Zona 1 (*Zona Dictatorial*), la Zona 2 (*Zona Concentrada*), la Zona 3 (*Zona Neutral*), la Zona 4 (*Zona Colaborativa*), y la Zona 5 (*Zona Democrática*). Como el nombre indica, las zonas en las que cae el patrón de granularidad indican el estilo de toma de decisiones adoptado por la sociedad para los asuntos de la granularidad del objeto correspondiente. Por ejemplo, como se muestra en la tabla, el sistema político ficticio toma un enfoque autocrático de toma de decisiones sobre los asuntos generales de toma de decisiones (zona 1), y un enfoque micro de toma de decisiones sobre el enfoque democrático de toma de decisiones (zona 5). La transición de estilos de toma de decisiones para los asuntos en el medio es aproximadamente uniforme. A juzgar desde el punto de vista micro democrático, el patrón de granularidad de un sistema puramente democrático debe ubicarse por completo en la zona democrática. Pero, si se balancea con el factor de eficiencia en la toma de decisiones, un patrón de una granularidad ideal puede ubicarse mejor en la zona neutral y colaborativa. Para una sociedad democrática, debe llamar la atención cuando el patrón de granularidad se extienda a la zona de concentración y dictatorial. Un escenario en el que algunas partes del patrón de granularidad caen completamente en la zona dictatorial debe ser evitado absolutamente.

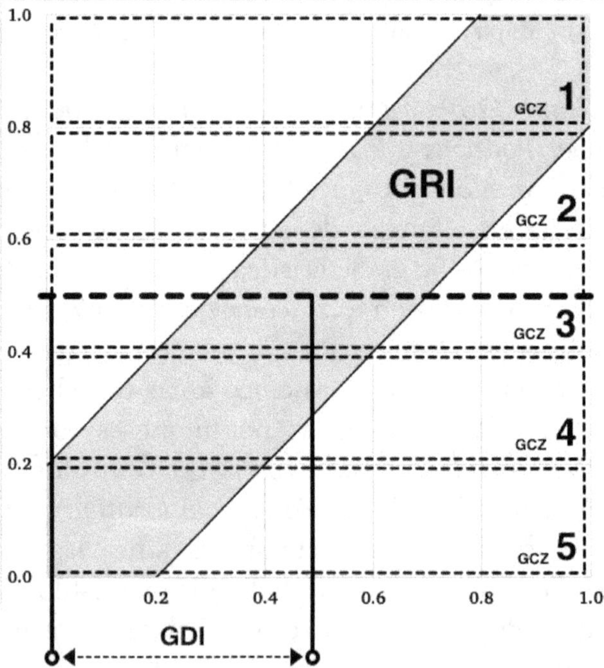

Figura 9.2 Mapa de granularidad: un sistema político ficticio, superpuesto con las zonas características de granularidad

- El *Índice de Granularidad de Resiliencia de la Toma de Decisiones Políticas* o *PDGRI* (del inglés: *Political Decision-making Granularity Resiliency Index*) muestra qué tan flexiblemente un sistema político puede ajustar su estilo de toma de decisiones (abreviado como *Índice de Granularidad de Resiliencia* o *GRI*, del inglés: *Granularity Resiliency Index*). En el mapa de granularidad, es el área del patrón de granularidad, es decir, el área sombreada, con rango de 0 a 1. Este valor mide cuánto espacio tiene la sociedad en términos de opciones de métodos de toma de decisiones. Por ejemplo, basado en cálculos geométricos simples, el índice de granularidad de resiliencia del sistema político ficticio que se muestra en la Figura 9.1 es, aproximadamente, 0.36. Supuestamente, el sistema político con un índice de granularidad de resiliencia más bajo es más uniforme o estable, y aquellos con un valor más alto tienen un mayor espacio para hacer cambios.

- El *Índice de Granularidad Democrático de la Toma de Decisiones Políticas* o *PDGDI* (del inglés: *Political Decision-making Granularity Democracy Index*) indica el grado de inclinación de un sistema político para elegir métodos de toma de decisiones en favor de la democracia (abreviado como *Índice de Granularidad Democrático* o *GDI*, del inglés: *Granularity Democracy Index*). Como se muestra en la Figura 9.2, una línea discontinua horizontal divide la tabla de intensidad en la mitad superior (*Campo Autoritario*) y la mitad inferior (*Campo Democrático*) con la granularidad del sujeto en 0.5 como el límite. En cualquier sección longitudinal, si la longitud del patrón de granularidad que cae en el campo democrático es más larga que la del campo autoritario, entonces la proyección de esta sección emitida en el eje horizontal se cuenta en este índice. Las longitudes acumuladas de la proyección anterior en el mapa de granularidad es el índice de granularidad democrático del sistema político. El valor va de 0 a 1. Un valor más alto indica que las decisiones suelen tomarse de manera democrática en este sistema. Por ejemplo, el índice de granularidad democrático que se muestra en la Figura 9.1 es de 0.50.

Las herramientas anteriores ayudan a las personas a analizar y comparar, cuantitativamente, un sistema político en particular:

En la sociedad ***esclavista***, todas las decisiones eran tomadas por la clase dueña de esclavos, conformada por una pequeña minoría de la población. La mayoría de las personas, los esclavos, no tenían participación alguna en la toma de decisiones, ni siquiera para aquellos asuntos muy personales. Por lo tanto, como se muestra en la Figura 9.3, el patrón de granularidad de la sociedad esclavista se encuentra completamente en la zona dictatorial. Su índice de granularidad de resiliencia es mínimo (no superior a 0.05); por lo tanto, el sistema es muy estable. Su índice de granularidad democrático es 0, lo que indica que no existe ninguna posibilidad para que la población general (esclavos y siervos) disfruten la democracia.

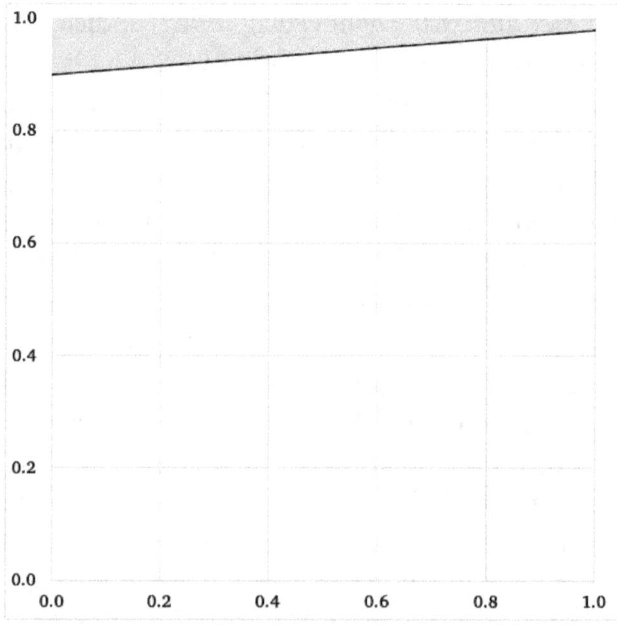

Figura 9.3 Mapa de granularidad: esclavitud

Las sociedades representadas en este mapa de granularidad incluyen aquellas antiguas sociedades esclavistas, como Egipto, así como muchas naciones modernas gobernadas por señores, nobles y dueños de siervos. Quizás sus estructuras o sistemas de gobierno tengan muchas diferencias significativas, de forma y etiqueta con la esclavitud típica, por lo tanto, a menudo se clasifican como feudales o de servidumbre. Sin embargo, desde la perspectiva del análisis de la granularidad, no hay una diferencia esencial en sus modos de toma de decisiones.

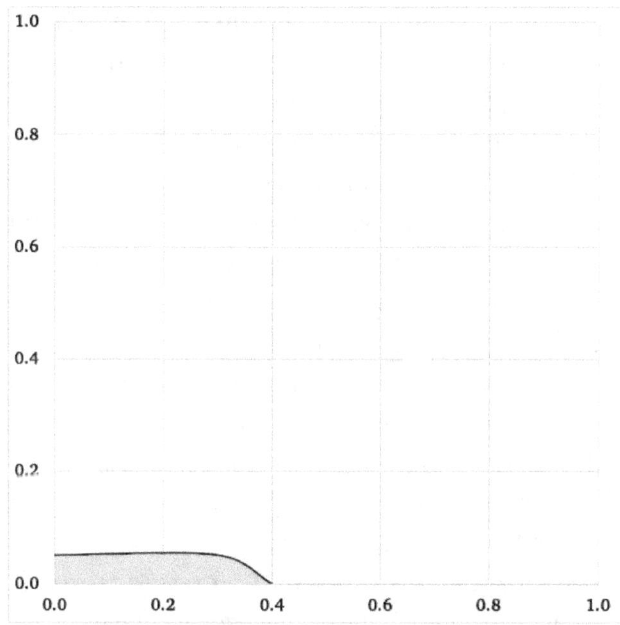

Figura 9.4 Mapa de granularidad: anarquía

El **anarquismo** se opone al propio poder gubernamental. Aboga por la micro autonomía y asistencia mutua entre las personas para resolver problemas personales y decisiones públicas. A su vez, debilita la capacidad de las personas para colaborar en actividades de mayor escala, haciendo que el diseño de políticas sea casi imposible en muchas regiones. Como se muestra en la Figura 9.4, para la escala de países modernos, el anarquismo solo puede cubrir parcialmente el rango inferior del objeto de granularidad. Su índice de granularidad de resiliencia es casi nulo (aproximadamente 0.02) y, por lo tanto, extremadamente estable en su rango vigente. Su índice de granularidad democrático (aproximadamente 0.40) cubre completamente el alcance limitado de su granularidad del objeto. Sin embargo, este tipo de democracia simplemente incluye el poder de decisión sobre los asuntos personales de los ciudadanos en lugar de las políticas públicas.

La ***autocracia***, desde la perspectiva de la toma de decisiones políticas, cubre una variedad de sistemas políticos, incluyendo la mayor parte del sistema feudal, la monarquía tradicional, el sistema estatal fascista y sistemas centralizados señalados con muchos otros nombres. Su característica principal es la organización jerárquica del poder, donde la toma de decisiones y la acción se basan en la obediencia incondicional y la ejecución de voluntades de poder superiores en lugar de los roles operativos. Por lo tanto, los tomadores de decisiones superiores tienen autoridad absoluta para modificar las decisiones tomadas por los niveles inferiores. Por ende, la máxima autoridad (normalmente el único dictador, o posiblemente un número reducido de nobles cortesanos, señores o miembros de comité) tiene el poder de decisión final en todos los asuntos públicos. En comparación con la esclavitud, el patrón de granularidad de la autocracia se extiende al rango inferior de la granularidad del sujeto. Esto es porque en la sociedad autocrática más miembros de la sociedad obtienen algún acceso a clases superiores y participan en la toma de decisiones de los niveles inferiores. Se establecieron grandes y complicados sistemas burocráticos de toma de decisiones para que los líderes superiores deleguen el poder de toma de decisiones a los funcionarios de nivel inferior y así compartir su carga. Como se muestra en la Figura 9.5, el patrón de granularidad de la autocracia cubre todo el rango de la granularidad del objeto en el borde superior, donde el valor de la granularidad del sujeto es 1, representando al único dictador. Con la granularidad del objeto decreciendo, la curva muestra que los tomadores de decisiones en los niveles más bajos pudieron decidir sobre algunos asuntos más precisos, mientras que la estructura burocrática se hunde gradualmente. El índice de granularidad de resiliencia de la autocracia es de, aproximadamente, 0.20, y el espacio de contracción de la elasticidad está hacia el límite; es decir, el dictador toma más decisiones macro de forma personal. Su índice de granularidad democrático es 0.

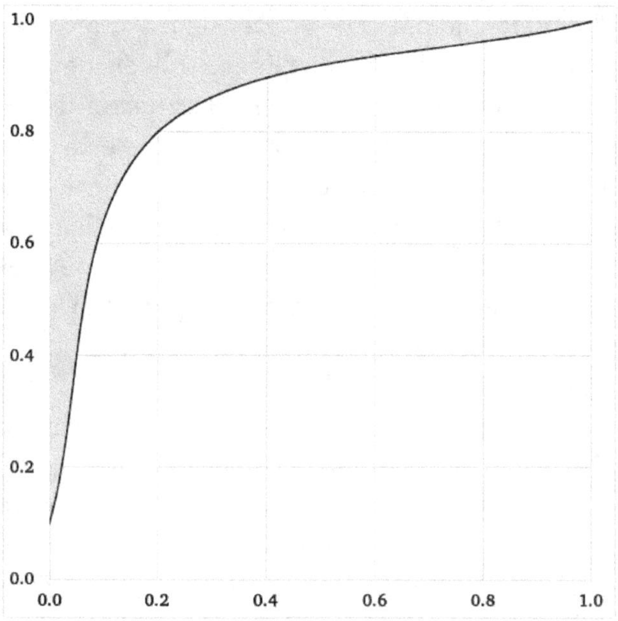

Figura 9.5 Mapa de granularidad: autocracia

El mapa de granularidad de la ***democracia representativa*** es bastante complicado debido a sus dos características únicas. Primero, la democracia representativa generalmente tiene una jerarquía de poderes y un sistema de controles y equilibrios separado, por lo que los máximos dirigentes del país no tienen poder de tomar decisiones sobre todos los asuntos públicos, como lo hacen los dictadores en los regímenes autócratas. Como se muestra en el mapa de granularidad, en el borde superior, el patrón de granularidad solo cubre la parte derecha, en lugar de todo el borde superior, lo que indica que los principales líderes del país están más inclinados a tomar decisiones a nivel macro. Los cuerpos de toma de decisiones de nivel inferior y las agencias administrativas son las que suelen decidir sobre asuntos públicos a nivel micro. El referéndum es otra característica, la cual hace posible que todos los ciudadanos puedan resolver muy pocos asuntos públicos globales bajo circunstancias excepcionales. Como se refleja en el mapa de granularidad, existe una delgada franja vertical en el extremo derecho donde el valor de granularidad del objeto es 1. En la Figura 9.6, el patrón de granularidad está rodeado por dos líneas sólidas, denominadas el *Límite de Opinión Pública* y el *Límite Institucional* de izquierda a derecha. El límite de opinión pública está respaldado, principalmente, por el poder de la opinión pública, lo cual evita que el régimen se deslice a la izquierda convirtiéndose en una autocracia. El límite institucional es un producto de la estructura inherente del sistema representativo, impidiendo que la gente tome decisiones directamente sobre asuntos públicos. Además, existe una línea punteada en el medio, que indica la frontera en la que el límite de opinión pública puede desplazarse hacia la derecha. De hecho, esto refleja la realidad política del mundo actual: muchos regímenes se autoproclaman como repúblicas democráticas, pero los diseños de los sistemas varían enormemente con respecto a limitar el poder de los líderes estatales e instituciones representativas, así como el grado del sistema de controles y equilibrios. El índice de granularidad de resiliencia de los países con democracias representativas se distribuye aproximadamente entre 0.14 y 0.22. Sus índices de granularidad democrática son de aproximadamente 0.15.

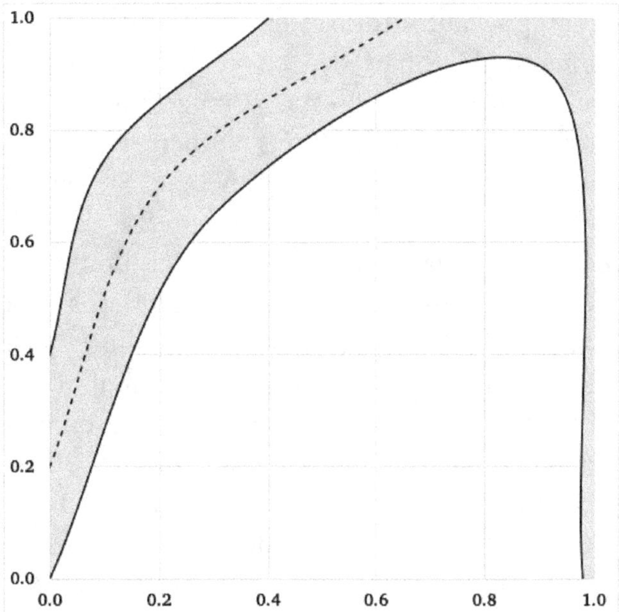

Figura 9.6 Mapa de granularidad: democracia representativa

Al comparar los mapas de granularidad de la autocracia y la democracia representativa, se destaca una distinción: el patrón de granularidad de la autocracia cubre la esquina superior izquierda de la tabla, pero no el de la democracia representativa. Esto indica que el límite de opinión pública de la democracia representativa previene que los tomadores de decisiones de alto rango interfieran con las decisiones sobre asuntos públicos micro. Esto muestra una revelación importante: cuando el jefe de Estado y los principales líderes no pueden interferir directamente en la vida de los ciudadanos individuales y en los asuntos comunitarios, los tomadores de decisiones de nivel medio no tienen que ceder ante la presión de los líderes superiores para tomar algunas decisiones independientes, lo que luego aumentará significativamente el sentido de seguridad y dignidad del pueblo, incluso si el sistema de toma de decisiones todavía presenta muchas otras deficiencias. Esto es la verdadera fuente de superioridad de las democracias representativas sobre la autocracia. Pero, al mismo tiempo, cabe señalar que el patrón de granularidad de la democracia representativa cae en la mitad superior (campo autoritario) en su mayoría, e incluso aproximadamente la mitad cae en el área superior del 20% (campo dictatorial). Desde esta perspectiva, la democracia representativa es, de hecho, una autocracia con la mayor felicidad mientras sepa camuflarse muy bien. Sin embargo, en el mapa de granularidad no existe una fuerza verdaderamente irresistible que impida el movimiento del límite de opinión pública hacia la esquina superior izquierda hasta que desaparezca; también, es probable que el límite institucional continúe flotando hacia la parte superior final. Una serie de cambios específicos de políticas sutiles combinados (como expandir la autoridad de los lideres superiores, transferir el poder de toma de decisiones desde el nivel base hasta el nivel superior en la estructura política, delegar el poder de toma de decisiones de los representantes a la burocracia administrativa, y la ausencia prolongada de cualquier referéndum significativo, etc.) puede transformar silenciosamente una nación de democracia representativa en un régimen autocrático de facto.

La ***democracia esclavista*** puede ser un nombre algo contradictorio, pero dos sistemas políticos aparentemente opuestos a menudo se combinan para operar bajo un mismo marco. Su característica fundamental es que la sociedad está dividida en dos clases principales: la clase gobernante y la población gobernada. La clase gobernante puede adoptar algún grado de democracia para el diseño de políticas, mientras que la población gobernada no tiene ninguna incidencia en las decisiones sobre asuntos públicos. La antigua república griega era una democracia esclavista clásica[1], pero tales instituciones también podrían surgir en otras formas. Por ejemplo, bajo el sistema aristocrático o de linaje, la clase gobernante de los nobles, o clase alta, puede adoptar alguna forma democrática de tomar decisiones, mientras que la población gobernada no tiene voz. La recién creada nación norteamericana es otro ejemplo[2]; mientras las personas blancas de la clase gobernante practicaban la democracia representativa, las personas de color eran esclavos o semi esclavos.

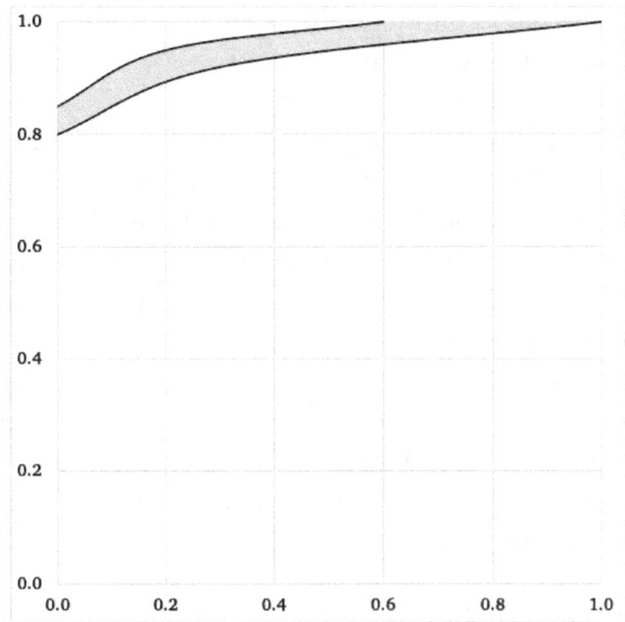

Figura 9.7 Mapa de granularidad: democracia esclavista

Ciertos países oligopolísticos o elitistas modernos también encajan en esta categoría. Dentro de la clase gobernante compuesta por las llamadas élites sociales y grupos privilegiados, algunas decisiones se toman, de hecho, a través de prácticas democráticas, pero el pueblo en general fuera de la clase gobernante no tiene incidencia sobre los asuntos públicos. Comparado con otras democracias esclavistas antiguas, tales países no siempre dividen a las clases gobernantes o a los gobernados por identidades naturales, sino que muchas veces los clasifican utilizando otras condiciones, como antecedentes familiares, postura política, estado financiero, estatus social, etc. Así, algunas personas de la clase baja pueden ingresar a la clase gobernante a través del matrimonio, la confianza política, el intercambio de poder y el dinero, u obteniendo logros académicos. Estos canales dan cierto grado de movilidad entre las dos clases. Para disimular esta realidad poco elegante, estos regímenes a menudo diseñaron las llamadas actividades democráticas, que no tienen contenido ni influencia sobre las políticas importantes. Sin embargo, el mapa de granularidad revela claramente la naturaleza de su sociedad dual y la verdad de que los grupos élite llevan a cabo la llamada esclavitud "paternalista" en contra de la mayoría.

Como se muestra en la figura 9.7, la forma del patrón granular de la democracia esclavista es bastante similar al de la democracia representativa, excepto que su posición en el mapa se ha comprimido en la zona dictatorial en la parte superior. Esto ilustra su naturaleza única: una combinación de la democracia representativa disfrutada por la minoría y una tiranía absoluta para la mayoría. El índice de granularidad de resiliencia de este patrón es aproximadamente de 0.05. Su índice de granularidad democrático es 0 (las élites de la clase gobernante pueden rechazar esto, pero en términos de toda la sociedad, este valor es complemente correcto).

Para la ***micro democracia***, la distribución del poder de toma de decisiones es absoluta, mientras que su concentración es relativa. Independientemente de si establecen o no alguna delegación electoral, los ciudadanos siempre pueden ejercer el voto directo y omitir todas las reglas de delegación, lo que significa que las personas poseen el control total sobre todas las decisiones de asuntos públicos. Aunque esta es una situación excepcional desde la perspectiva de las estadísticas generales, desde el punto de vista de los ciudadanos individuales la acción y el poder del voto directo no es, de ninguna manera, una situación extrema, sino una norma y un derecho elemental. De manera realista, es más probable que los ciudadanos decidan delegar para aprovechar al máximo los aspectos no críticos de las decisiones diarias. Por lo tanto, el patrón de granularidad cubre toda la parte inferior del mapa de granularidad y avanza hacia la parte superior; cuanto más alto sea, mayor será la proporción que los ciudadanos decidan delegar, o mayor será la concentración de sujetos. En el área a la izquierda de los valores más bajos de granularidad del objeto, el patrón de granularidad tiene un límite arriba y no puede llegar a la cima. Esto se debe a que, según el principio de relevancia de la micro democracia, solo los residentes locales pueden decidir sobre los asuntos regionales, y otros ciudadanos no tienen derecho a interferir. Por lo tanto, incluso si todos los ciudadanos que tienen derecho a decidir sobre asuntos regionales delegan el voto a un líder en particular, es solo una representación parcial de todo el pueblo. La curva del borde superior del patrón de granularidad se llama *Límite de Micro Democracia*. Evidentemente, con el aumento de la granularidad del objeto, este límite avanza más alto hasta que termina en la esquina superior derecha del gráfico. Esto refleja la situación extrema en la que todos los ciudadanos delegan, de forma autónoma, a un líder para asuntos nacionales. Ciertamente, este es solo un escenario teórico. Desde de una perspectiva práctica, la posibilidad de que todos los ciudadanos del país deleguen la votación al mismo líder es casi inexistente.

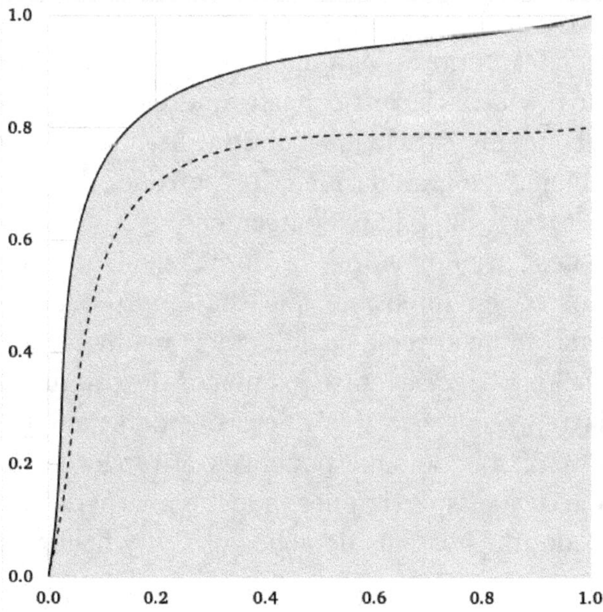

Figura 9.8 Mapa de granularidad: micro democracia

Como se muestra en la Figura 9.8, el mapa de granularidad, el índice de granularidad de resiliencia de la micro democracia puede ir más allá del 0.85, mientras que su índice de granularidad democrático puede alcanzar 1.0.

Del análisis anterior, el borde superior e inferior del patrón de granularidad de la micro democracia representan condiciones extremas. En la mayoría de las situaciones cotidianas, una sociedad micro democrática operará en el rango medio, rara vez alcanzando la zona dictatorial cerca del borde superior. Además, algunas reglas institucionales obligatorias pueden ayudar a garantizar la suficiente distribución entre los tomadores de decisiones, evitando que el patrón de granularidad caiga en la zona dictatorial. Por ejemplo, la micro democracia puede imponer la proporción mínima y el número de ciudadanos individuales que pueden ser agentes de opinión pública; en tales casos, es estadísticamente imposible que todas las delegaciones apunten a la misma persona, independientemente de si es un ciudadano independiente o un líder de organizaciones políticas. Como se refleja en el mapa de granularidad, las medidas institucionales anteriores empujan, aun más, el límite de la micro democracia hacia abajo hasta que cae fuera de la zona dictatorial, como muestra la línea discontinua en la Figura 9.8.

En los mapas de granularidad, los patrones de granularidad de la autocracia y la micro democracia se invierten casi por completo. Los principios de la toma de decisiones micro democráticos hacen imposible que sea incorporada, o incluso transformada, en un sistema de autocracia mediante la revisión y la manipulación. Además, entre los mapas de granularidad de la democracia representativa y la micro democracia, sus patrones de granularidad solo se superponen en el rango de la toma de decisiones básica. Esto significa que la micro democracia ha proporcionado muchos más derechos civiles y opciones sociales al pueblo.

El análisis de granularidad anterior revela los patrones de toma de decisiones, la resiliencia del sistema y los grados de democracia para diferentes sistemas de políticas. Ayuda a identificar con mayor precisión los tipos y características de la toma de decisiones políticas en países y regímenes específicos, concluyendo con una clasificación cualitativa objetiva. Después de todo, nada es más engañoso y falaz que ocultar la verdadera naturaleza de un sistema político en el nombre de un país y sus instituciones.

Sin embargo, el patrón de toma de decisiones no es el único factor que mide el nivel de democracia. No importa qué tan democrático sea el método de toma de decisiones, si la decisión está basada en desinformación o información falsa, entonces su resultado solo beneficiará al manipulador de la información, en vez de contribuir a la utilidad social. Un país así es solo un zombi democrático. George Washington una vez dijo: *"Una población desinformada es una población esclavizada"*. Esta afirmación tiene un especial significado de advertencia para los ciudadanos de los supuestos regímenes democráticos. Cuando los ciudadanos de "países democráticos" son impedidos de conocer la verdad por los llamados "secretos de Estado", cuando tratan a los "medios convencionales" como fuente autorizada de información, cuando se ven obligados a tolerar la "protección benevolente" de los auditores de contenido y la "transmisión personalizada" de la inteligencia artificial en las redes sociales, entonces estas personas son, efectivamente, una "población desinformada". Eso mensajes engañosos astutamente embalados son, en realidad, las "manos invisibles" que convierten a los ciudadanos en títeres electorales para tomar decisiones "sinceras" en contra de sus propios intereses. En cierto sentido, estas personas dan más lástima que los simples esclavos, pues ellos al menos pueden transmitir indiferencia y miradas enojadas a sus dueños, mientras que los esclavos de la sociedad democrática son, a menudo, defensores de sus propias jaulas con un sentido de ventaja.

Por lo tanto, aquí se presenta el *Índice de Información Para la Toma de Decisiones Públicas* o *PDII* (del inglés: *Public*

Decision-making Information Index) como otro factor necesario para evaluar el grado de democracia social. Mide qué tan precisa y completa es la información en la que se basa la toma de decisiones públicas.

Índice de Información Para la Toma de Decisiones Públicas =
Índice de Accesibilidad de la Información Para la Toma de Decisiones Sobre Asuntos Públicos ×
Índice de Credibilidad de la Información

PDII = PADIAI•ICI
O, **PDII** = p4i•ICI

El *Índice de Accesibilidad de la Información Para la Toma de Decisiones Sobre Asuntos Públicos* o *PADIAI* (del inglés: *Public Affair Decision-making Information Accessibility Index,* o abreviado como *p4i*) mencionado en la formula, se refiere a qué tan completa es la información a la que el pueblo puede acceder para tomar decisiones sobre asuntos públicos. Entre ellos, la *Información Para la Toma de Decisiones Sobre Asuntos Públicos* o *PADI* (del inglés: *Public Affair Decision-making Information*) se refiere a información potencialmente influyente y valiosa para las decisiones sobre asuntos públicos. En el contexto de un país, toda la información debe ser información para la toma de decisiones sobre asuntos públicos, excepto por la información privada de los ciudadanos y los secretos comerciales de empresas privadas. El *Índice de Credibilidad de la Información* o *ICI* (del inglés: *Information Credibility Index*) en la formula, se refiere a qué tan autentica es la información aceptada por el pueblo en la toma de decisiones.

La fórmula anterior parece sencilla e intuitiva, pero es difícil de cuantificar. Las formas de cuantificar toda la información para la toma de decisiones sobre asuntos públicos en un país, cuantificando las partes directas o indirectamente accesibles al público, y midiendo la credibilidad de toda esta información, estarán llenas de controversia. Para hacerla conveniente y práctica es necesario simplificarla de manera aproximada, manteniendo el rango cualitativo numérico aproximadamente preciso.

Entre ellos, el *Índice de Accesibilidad de la Información Para la Toma de Decisiones Sobre Asuntos Públicos* se puede definir, aproximadamente, con la siguiente formula:

Índice de Accesibilidad de la Información Para la Toma de Decisiones Sobre Asuntos Públicos =

La proporción de información para la toma de decisiones de asuntos públicos que los ciudadanos pueden obtener de forma anónima × El grado en que la información anterior se puede utilizar de manera oportuna.

Es útil disgregar la *Información de la Toma de Decisiones Sobre Asuntos Públicos* en dos fuentes primarias: gubernamental y social, y después disgregar el primer parámetro en dos canales: publicación activa y divulgación pasiva. Además, el uso oportuno de la información es atribuido, principalmente, a su eficacia de diseminación. La fórmula puede simplificarse más así:

Índice de Accesibilidad de la Información Para la Toma de Decisiones Sobre Asuntos Públicos =
(Radio de Publicación Efectivo de la Información Procesada Por el Gobierno × W_1 +
Radio de Acceso Efectivo a la Información Sin Procesar del Gobierno × W_2 +
Radio de Publicación Efectivo de la Información Social × W_3) ×
Índice de Eficiencia de la Diseminación de la Información Pública

PADIAI $= (\text{GPIEPR} \cdot W_1 + \text{GRIEAR} \cdot W_2 + \text{SIEPR} \cdot W_3) \cdot \text{PIDEI}$
O, **p4i** $= (\text{gp} \cdot W_1 + \text{gr} \cdot W_2 + \text{si} \cdot W_3) \cdot \text{de}$

En la fórmula anterior, el *Radio de Publicación Efectivo de la Información Procesada Por el Gobierno* o GPIEPR (del inglés: *Government Processed Information Effective Publish Ratio*, o *gp* para abreviar) se refiere al grado en el cual el gobierno publica activamente la información. El *Radio de Acceso Efectivo a la Información Sin Procesar del Gobierno o GRIEAR* (del inglés: *Government Raw Information Effective Access Ratio, o gr* para abreviar) representa en qué medida el pueblo puede obtener la información original de las operaciones internas del gobierno. El *Radio de Publicación Efectivo de la Información Social o SIEPR* (del inglés: *Social Information Effective Publish Ratio, o si* para abreviar) se refiere al grado de accesibilidad pública a la información divulgada por ciudadanos comunes. Los tres índices anteriores han enfatizado la "eficacia". Por otro lado, significa que la información debe estar, directa o indirectamente, accesible al público de manera anónima; por otro lado, se refiere a su oportunidad, es decir, el pueblo debe conocer la información a tiempo para tomar decisiones informadas. Los tres índices anteriores también se multiplican por sus respectivos factores de peso W_1, W_2, y W_3 para optimizar la precisión de la formula. El *Índice de Eficiencia de la Diseminación de Información Pública o PIDEI* (del inglés: *Public Information Dissemination Efficiency Index, o de* para abreviar) se refiere a la eficiencia con la que la información se distribuye a lo largo la esfera pública, especialmente en qué medida el pueblo obtiene información publicada de carácter urgente antes de tomar decisiones.

Nuevamente, estos índices no están cuantificados; sus métricas siguen siendo complejas y controversiales. Entre ellas, la medición de la información gubernamental es particularmente desafiante. Los datos internos del gobierno y el procesamiento de la información usualmente no son conocidos en el mundo exterior. Debido a la complejidad de la burocracia gubernamental y la existencia de gobiernos ocultos, qué tanta información es clasificada como confidencial, no solamente es desconocido para el pueblo, sino, incluso, para los funcionarios gubernamentales. Cierta información sensible puede que nunca se registre oficialmente y puede ser destruida u ocultada. Por lo tanto, la cantidad total de información gubernamental es difícil de cuantificar, y la proporción de información que está disponible públicamente es, por lo tanto, imposible de calcular. En este caso, la cuantificación solo puede simplificarse por aproximación. Cabe señalar que, este no es el único, u optimo, esquema de cuantificación aproximada; se puede reemplazar perfectamente por otras opciones más razonables.

En este esquema de cuantificación aproximada, todos los empleados regulares del gobierno se agrupan por departamento y se les asigna una cuota calculada correspondiente según la dotación. Por ejemplo, si un gobierno tiene 20 departamentos y el Departamento de Comercio contrata el 3% del total de los empleados del gobierno, entonces la cuota general del Departamento de Comercio en el cálculo del índice de la información corresponde al 3%. Evidentemente, los porcentajes de los 20 departamentos sumarán el 100%.

Al calcular el *Radio de Publicación Efectivo de la Información Procesada Por el Gobierno*, la cuota total de información de todos los departamentos que cumplen con el criterio de publicación efectivo es el *gp* del gobierno, como un todo. Por ejemplo, si el criterio de publicación efectivo se define como 1) el departamento publica toda la información crítica, 2) informes de incidentes a la sociedad con una frecuencia no inferior a una vez cada dos semanas, y 3) la información publicada puede ser obtenida, de manera instantánea y anónima por el público, entonces la suma de las cuotas calculadas de todos los departamentos del gobierno que cumplan con los criterios es el *gp* de ese gobierno en ese momento. Por ejemplo, si solo el Departamento de Agricultura, el Departamento de Comercio y el Departamento de Educación alcanzaron el estándar, y sus empleados representaron el 2.5%, 3.0% y 17.2% de toda la dotación del gobierno respectivamente, el *gp* del gobierno en ese momento fue de 22.7%.

De manera similar, los criterios para determinar el *gr* se pueden definir como 1) toda la información y los documentos internos del departamento están totalmente accesibles al público, y 2) el público puede acceder a ellos de forma totalmente digital e instantánea, o ver las copias impresas con dos semanas de antigüedad. Entonces, la suma de las cuotas de todos los departamentos gubernamentales que cumplen los criterios es el *gr* de ese gobierno en ese momento. Evidentemente, la información del gobierno involucrada en el *gr* es un gran conjunto de la del *gp*. La razón por la que esta superposición es permitida en este esquema de cuantificación es porque, aunque el *gr* proporciona más integridad y precisión, sus criterios de calificación superan el nivel realista que cualquier gobierno actual puede alcanzar. En el caso donde el índice *gr* es casi siempre 0, la introducción de un *gp* estándar más bajo ayuda a distinguir el nivel de divulgación de la información para gobiernos actuales. Al ajustar el radio del W_1 y W_2 en el futuro, cuando la micro democracia y otras formas de gobierno tengan un *gr* distinto a 0, su peso se puede incrementar para aproximarse a la intensión original del cálculo *p4i*.

En este esquema de cuantificación aproximada, el *Radio de Publicación Efectivo de la Información Social* se define como que 1) el pueblo puede publicar libremente la información en las plataformas de redes sociales, 2) la información puede estar disponible para las personas de manera libre y anónima en la plataforma, y 3) la información se conservará durante un tiempo suficiente para que pueda ser recuperada y difundida completamente. A juzgar por esta definición, la divulgación adecuada de la información social solo puede ocurrir en la era de sistemas y redes, y popularización. Antes de esto, no es viable técnicamente. Su fórmula de cálculo se puede presentar como:

Radio de Publicación Efectivo de la Información Social =
Radio de ciudadanos publicadores libres de la información ×
Radio de ciudadanos receptores libres de la información ×
Radio de Supervivencia Confiable de la Información

SIEPR = IFPCR•IFRCR•IRSR
0, **si** = ipr•irr•isr

Entre ellos, el *Radio de Ciudadanos Publicadores Libres de la Información* o *IFPCR* (del inglés: *Information Free Publisher Citizen Ratio,* o *ipr* para abreviar) se refiere a la proporción de la población total que puede publicar información libremente en las plataformas de información pública. El *Radio de Ciudadanos Receptores Libres de la Información* o *IFRCR* (del inglés: *Information Free Citizens Citizen Ratio Receiver Citizen Ratio,* o *irr* para abreviar) se refiere a la proporción de la población total que puede obtener información anónimamente de las plataformas de información pública. El primero no es limitado a la publicación anónima o con el nombre real, porque la publicación con el nombre real ayuda a evaluar la credibilidad de la información, mientras que el último enfatiza el anonimato porque facilita el acceso a la información. El *Radio de Supervivencia Confiable de la Información* o *IRSR* (del inglés: *Information Reliable Survival Ratio,* o *isr* para abreviar) se refiere a la proporción de información que está accesible y que perdura el tiempo suficiente (por ejemplo, por 30 días) en la plataforma de información pública, sin ser manipulada, protegida y eliminada. Estos datos estadísticos pueden no ser proporcionados activamente por las plataformas de información pública, especialmente cuando la información está severamente bloqueada o alterada, pero algunas tecnologías, como los rastreadores web, pueden observar la información desde afuera y aprender sobre ella indirectamente. Además, el valor del *Radio de Publicación Efectivo de la Información Social* es dinámico. La mayor parte del tiempo, el gobierno no puede o solo interfiere ligeramente, con la publicación de información. Pero, durante las emergencias, puede interferir bastante o incluso bloquearla completamente. Entonces, el valor mínimo medido durante un largo periodo revela con mayor precisión el grado en que un régimen controla la información social.

Los métodos de diseminación de la información pública encajan aproximadamente en dos categorías: centralizado y distribuido. El primero es para transmitir información al público a través de un canal de publicación central, como los medios de comunicación y los anuncios oficiales del gobierno. El último es información difundida por el público mediante reenvío libre. Cada uno tiene sus pros y contras: el método centralizado tiene una eficiencia de entrega extremadamente alta y puede transmitir información a toda la sociedad en tiempo casi real, pero el contenido es extremadamente limitado, y el canal de publicación está sujeto a una filtración selectiva, interpretación engañosa, etc.; la velocidad de entrega del método distribuido es relativamente lenta, pero el contenido tiene la cobertura más amplia. La desventaja es que está sujeto a la manipulación y falsificación durante el reenvío, por lo que la calidad de la información es todavía más baja. Por tanto, la eficiencia de la diseminación de la información pública debe medirse de manera distinta para estos dos métodos de diseminación.

En este esquema de cuantificación aproximada, el *Índice de Eficiencia de Diseminación de la Información Pública* se define con la siguiente formula:

Índice de Eficiencia de Diseminación de la Información Pública =
(Cobertura Pública del Canal de Transferencia Centralizado ×
Radio de Dispersión del Canal de Transferencia Centralizado ×
deW_1) +
(Cobertura Pública del Canal de Transferencia Distribuido ×
Trazabilidad de la Información del Canal de Transferencia
Distribuido × deW_2)

PIDEI $= CTCPC \cdot CTCDR \cdot deW_1 + DTCPC \cdot DTCIT \cdot deW_2$
O, **de** $= c3c \cdot c3r \cdot deW_1 + d3c \cdot d3t \cdot deW_2$

En la fórmula anterior, el *Canal de Transferencia Centralizado o CTC* (del inglés: *Centralized Transfer Channel*) se define como cualquier canal que puede enviar información directamente a más del 1% de la población. El énfasis está en la acción de entrega, en vez de la habilidad para entregar. Por ejemplo, la cobertura de la señal de una estación de televisión puede ser el 10% de la población total. Sin embargo, a menos que su audiencia real alcance el 1% de la población, no se cuenta. La *Cobertura Pública del Canal de Transferencia Centralizado* o *CTCPC* (del inglés: *Centralized Transfer Channel Public Coverage,* o *c3c* abreviado) se refiere a la proporción del público abarcado por todos los canales de trasferencia centralizados que cumplen con los criterios anteriores. Su valor varía de 0 a 1. Un valor mayor indica que abarca más personas. La *Cobertura Pública del Canal de Transferencia Distribuido* o *DTCPC* (del inglés: *Distributed Transfer Channel Public Coverage,* o *d3c* abreviado) se refiere a la proporción de la población total que libremente puede acceder a la plataforma de información. Su valor va de 0 a 1. Un valor mayor indica que más personas pueden acceder a la plataforma.

El *Radio de Dispersión del Canal de Transferencia Centralizado* o *CTCDR* (del inglés: *Centralized Transfer Channel Dispersion Ratio,* o *c3r* abreviado) se calcula con la siguiente fórmula:

Radio de Dispersión del Canal de Transferencia Centralizado =
Número de Controladores Independientes del Canal de Transferencia Centralizado ÷
Número de Canales de Transferencia Centralizados

$$\text{CTCDR} = \frac{NCTCIC}{NCTC} \quad \text{o, } \text{c3r} = \frac{n4c}{n2c}$$

Entre ellos, los *Controladores Independientes del Canal de Transferencia Centralizado* o *NCTCIC* (del inglés: *Centralized Transmission Channel Independent Controllers,* o *n4c* abreviado) se refiere a aquellas entidades que controlan el funcionamiento y contenido diario de los canales de transferencia centralizados a través de la participación financiera o la jurisdicción administrativa. Por ejemplo, el mismo consorcio controla diversas organizaciones de noticias o, en este caso, el mismo gobierno dirige varias organizaciones de noticias estatales. El *Número de Canales de Transferencia* o *NCTC* (del inglés: *Number of Centralized Transfer Channels,* o *n2c* abreviado) se refiere al número total de estos canales. De acuerdo a esta fórmula, el valor del *Radio de Dispersión del Canal de Transferencia Centralizado* varía de 0 a 1. Un valor más grande indica un mayor grado de dispersión.

La *Trazabilidad de la Información del Canal de Transferencia* o *DTCIT* (del inglés: *Distributed Transmission Channel Information Traceability,* o *d3t* abreviado) se refiere a la proporción de información que se puede rastrear hasta llegar al publicador original en los canales de transferencia distribuidos. Esta trazabilidad se relaciona directamente con la capacidad que tiene la plataforma de información para detectar y corregir la manipulación y falsificación de la información, y existen muchos medios técnicos capaces de lograrlo.

Además, *deW₁* y *deW₂* en las fórmulas anteriores, son factores de ajuste de peso de los métodos centralizados y distribuidos, usados para optimizar la fórmula.

El intercambio libre y activo de la información y la diseminación deberían haber mejorado significativamente la calidad de la toma de decisiones públicas. Sin embargo, si esta información se mezcla con mucha desinformación e información falsa, haciendo imposible que el pueblo distinga la verdad, entonces los beneficios de más información se anulan por completo, y esto es, incluso, más peligroso que la falta de información. La tecnología moderna puede hacer que la falsificación de información sea más real y puede difundir rumores más rápido. Una vez que los canales de diseminación son manipulados de manera maliciosa, un alto *Índice de Accesibilidad de la Información Para la Toma de Decisiones Sobre Asuntos Públicos* (*PADIAI*) también puede significar una peor interrupción. Por lo tanto, es necesario introducir el *Índice de Credibilidad de la Información* (*ICI*) en la fórmula del *Índice de Información Para la Toma de Decisiones Públicas* (*PDII*) para ajustar el posible sesgo.

Comprender las cosas suele ser una progresión del desarrollo y la mejora, y la verdad a menudo se revela a través de un proceso de primero entender parcialmente algo y luego trabajar hacia la comprensión total. A lo largo del proceso, muchos hechos y verdades que las personas alguna vez creyeron honestamente, resultan muchas veces incompletas o incluso equivocadas. Este tipo de "errores sinceros" han ocurrido a lo largo de la historia y, naturalmente, han provocado diversos enfrentamientos. Si las personas pueden comprender y aceptar los defectos razonables en el proceso de aprendizaje con tolerancia y racionalidad, se acercarán a la verdad de una manera mucho más fácil. Por lo tanto, la introducción del *Índice de Credibilidad de la Información* no es para juzgar lo correcto o incorrecto, sino para identificar la manipulación y fabricación maliciosa.

El *Índice de Credibilidad de la Información* todavía necesita algunos esquemas de cuantificación aproximada. El esquema propuesto aquí se basa en los siguientes dos supuestos: primero, si un individuo u organización asocia la credibilidad de la información con su crédito público y reputación, la información suele ser más confiable. Por otra parte, cuando más cantidad de información se puede asociar claramente con el respaldo de la reputación, las personas pueden evaluar con mayor precisión la credibilidad de la información, así que pueden seleccionar la información con mejor calidad para tomar decisiones. La fórmula para este esquema de cuantificación aproximada es:

Índice de Credibilidad de la Información =
Tiempo Promedio de Consumo de la Información Rastreable ÷
Tiempo Promedio Total de Consumo de Toda la Información

$$ICI = \frac{ATCTI}{ATTCAI} \quad o, \quad ICI = \frac{a3i}{a4i}$$

En la formula anterior, el *Tiempo Promedio de Consumo de la Información Rastreable o ATCTI* (del inglés: *Average Time of Consumption of Traceable Information,* o a_3i abreviado) se refiere al tiempo promedio que pasan las personas viendo la información rastreable, y el *Tiempo Promedio Total de Consumo de Toda la Información o ATTCAI* (del inglés: *Average Total Time of Consumption of All Information,* o a_4i abreviado) se refiere al tiempo promedio empleado por las personas viendo toda la información. Entre ellos la *Información Rastreable* se refiere a cualquier información que pueda rastrearse hasta llegar al publicador original de manera confiable, directa o indirecta. Comúnmente, incluye libros con autores identificables, archivos asociados con coleccionistas y registradores rastreables, audio y video con productores reales, etc. Cualquier información proporcionada de forma anónima no califica. La confiabilidad de la trazabilidad es un factor indispensable, pero es muy fácil dejarlo por fuera, por lo que merece una atención especial. En general, la información que proviene directamente del publicador original se considera rastreable de manera confiable. La información reenviada, aunque esté marcada por los publicadores originales, normalmente se considerada poco fiable. Esto se debe a que los datos del publicador y el contenido de la información pudieron haber sido alterados durante la retransmisión, a menos que el mensaje lleve un enlace que redirija directamente a la fuente original de publicación o a los registros completos de la cadena de reenvío (incluyendo todos los datos de todas las personas que reenviaron, acompañado de medios técnicos para verificar la autenticidad de los datos). De acuerdo con esta fórmula, el rango de valor del *Índice de Credibilidad de la Información* es de 0 a 1. Cuanto mayor sea el valor, más creíble es la información. Claramente, recolectar los datos anteriores requiere algunas muestras y estadísticas, pero son relativamente fáciles de obtener.

A este punto, el modelo de *Índice de Información Para la Toma de Decisiones Públicas* (*PDII*) está completo. Su combinación con el *Análisis de Granularidad de la Toma de Decisiones Políticas* (*PDGA*) resulta en una forma matemática de investigar el modo de la toma de decisiones y el grado de democracia para determinados gobiernos y sociedades. En la siguiente formula, el *Índice de Democracia Nacional* o *NDI* (del inglés: *National Democracy Index*) revela el grado de democracia de un determinado régimen. Cuanto mayor sea el valor, mayor es el grado de democracia.

Índice de Democracia Nacional =
Índice de Granularidad Democrático de la Toma de Decisiones Políticas ×
Índice de Información Para la Toma de Decisiones Públicas

NDI $=$ PDGDI•PDII

Este índice ayudará a las personas a medir de forma directa y objetiva, el grado de democracia de varios países, sin confundirse y distraerse por los nombres de la nación, los tipos de gobiernos, las estructuras de las instituciones de poder, los procesos del ejercicio del poder, y los sistemas legales. Además, la distribución y operación del poder estatal no son siempre estables; a menudo se ajustan al juego entre las fuerzas internas y los cambios en las condiciones externas. Por lo tanto, en el estudio general la condición política de un país, siempre es viable contar con un muestreo por partes correspondiente a diferentes años y periodos, así como un análisis de tendencias.

Del análisis anterior, podemos ver claramente que el *Índice de Democracia Nacional* de una sociedad micro democrática es más alto que el de cualquier otro sistema político que haya existido, y su avance democrático y autenticidad pueden ser reconocidos y probados científicamente. Además, con la ayuda de la tecnología de la información, el *Índice de Democracia Nacional* de un país micro democrático probablemente se acercará a su límite más alto. Si esto se convierte en realidad, entonces una sociedad micro democrática alcanzará el estado más alto de democracia en la civilización humana.

Conclusión

Al haber nacido después de las dos Guerras Mundiales, la mayoría de nosotros no hemos experimentado los momentos más oscuros y el sufrimiento más profundo de la civilización humana. La prosperidad de la economía de mercado y el avance tecnológico nos han traído mejores condiciones de vida y un optimismo sin precedentes. Los tiempos que vivimos deberían ser los mejores que los humanos hayan experimentado.

Sin embargo, la fuerza oscura en los corazones de las personas sigue acechando, esperando la llama del ojo de Sauron. La armadura del viejo mundo ha protegido esta fuerza. Si la civilización humana no puede trascender por sí misma, entonces esta oscuridad regresará. Durante el tiempo en que este libro fue escrito, el mundo experimentó cambios repentinos. La civilización humana parece estarse inclinando hacia una crisis muy profunda, nubes grises y oscuras están apareciendo en el horizonte. El ambiente, una vez positivo, optimista, de desarrollo y armonioso, ha sido destruido por sentimientos de fragmentación preocupantes, conflicto y desconfianza, y las confrontaciones peligrosas o incluso la guerra, parecen ser inminentes. La sociedad humana ha perdido su camino y deambula sin rumbo, atrapada en la confusión y la ansiedad. Sin embargo, esto no es resultado del deterioro de las conciencias de las personas, sino de su despertar. Después de que el campo democrático y el campo capitalista triunfaran en la Guerra Fría, gradualmente perdieron la cobertura y el camuflaje de sus defectos. Rodeado por los capitales sin fronteras, el llamando Nuevo Orden Mundial acabó con el campo de batalla de la victoria, demostrando su naturaleza sanguinaria y con fines de lucro. Para lograr el intercambio de poder e intereses, a estas élites transnacionales no les importa pagar el costo con la vida o las condiciones de vida de las personas. Cuando las personas ven vagamente la verdad, se desilusionan con el cuento de hadas de la globalización; entonces, se revive el aislacionismo, el nacionalismo y la ley de la selva. Aunque sean primitivas y crueles, al menos se rigen por el sentido común y son reales. Lamentablemente, el antiguo orden mundial no vino a salvar a las masas. Solo se trataba de los señores ricos recolectando sus tesoros perdidos.

La clave para encontrar el antídoto es el poder. Las personas necesitan aprender a ver el poder desnudo a través de llamas resplandecientes y humo. Mientras exista una concentración de poder en la estructura política, nunca será posible alcanzar, verdaderamente, la justicia social y la igualdad. Los lugares en donde se junte el poder siempre serán el blanco de la erosión y el eje de la manipulación por parte de los grupos de intereses especiales, y los regímenes democráticos no son la excepción. Entre más injusta se vuelva la distribución social, más desigual es el poder de las personas, más estresada es la vida de los ciudadanos comunes, y más fácil es para la clase gobernante manipular y esclavizar a las masas. Por lo tanto, el poder permite, motiva y hasta crea deliberadamente dichas estratificaciones y divisiones entre las personas. El desarrollo de la ciencia y la tecnología de la información no pueden cambiar automáticamente esta tendencia. De hecho, con el veloz incremento de la riqueza social y los suministros de materiales, las personas ordinarias están más ansiosas, y la carga laboral y horas de trabajo han incrementado en lugar de bajar. La sociedad de productos básicos orientada al valor está creando desesperadamente nuevas demandas para las personas, y para poder responder a estas nuevas demandas la gente necesita trabajar más, bajo una altísima presión. La causa raíz de todo esto es que el consumo y la distribución de los recursos humanos y materiales en la sociedad actual son manejados por el dinero y el capital, el cual está dominado por un pequeñísimo número de élites, en vez de los deseos generales del pueblo. Este mecanismo impulsor confía en las conspiraciones y las transacciones de dinero y poder realizadas por los oligarcas financieros y las élites políticas para ser funcional. Una vez que se paralice, o incluso se elimine, el poder de la élite política como se ha diseñado en el sistema micro democrático, los oligarcas financieros y la clase capitalista deben enfrentar directamente los reclamos de todos los ciudadanos y deben perder su palanca de manipulación. Solo allí es cuando su poder se debilitará de manera natural y significativa. En ese caso, podemos inferir con optimismo que ellos se adaptarán y evolucionarán hasta que sean contenidos como aliados del pueblo, y que gradualmente se conviertan en contribuyentes para obtener la felicidad general y la utilidad social.

Si las evoluciones sociopolíticas y económicas antes mencionadas tienen una certeza histórica y ocurrirán naturalmente tarde o temprano, entonces no tenemos ninguna prisa por actuar. Al contrario, podemos esperar con paciencia que la micro democracia, u otras formas sociales superiores, evolucionen y maduren. Sin embargo, mientras escribía este libro, vi constantemente a los gobernantes e intereses establecidos del mundo antiguo luchar de manera feroz, tratando de utilizar el poder de la tecnología y la información para crear herramientas potenciales de control. Cuando tengan el dominio absoluto sobre la tecnología y la información, obtendrán un enorme poder con el que todos los seres humanos no pueden competir y harán que su gobierno y esclavitud sean aún más crueles. Con la tecnología avanzada, los dictadores declarados y no declarados, pueden engañar, controlar y esclavizar al pueblo con facilidad, incluso sin un gran ejército. Esto representa la principal amenaza y el arma decisiva en la historia de la humanidad. Cada minuto, las fuerzas antiguas están tratando de comenzar una nueva guerra, alimentando sus máquinas asesinas con la sangre y los cuerpos de millones de personas. Cada minuto, también están acelerando el agotamiento de los recursos naturales de la tierra, contaminando y destruyendo los ecosistemas, intercambiando todo el futuro de la humanidad por ganancias inmediatas. Por consiguiente, privar a las fuerzas antiguas del poder y disolverlas para siempre no solo es necesario, sino también una urgencia incomparable. Es una carrera y batalla entre las personas y los gobernantes del mundo.

Como alguna vez dijo Ronald Reagan, *"La libertad no está a más de una generación de extinguirse. No se la transmitimos a nuestros hijos a través de la sangre. Debemos luchar, protegerla y entregársela a ellos para que hagan lo mismo"*[1]. Esta batalla no puede esperar ni tampoco demorarse. Como hombres y mujeres de esta era, esta es nuestra revolución, y esta es nuestra responsabilidad. ¡Ojalá podamos trabajar juntos para que las personas eventualmente vivan libres, con amor y felicidad!

Epílogo

Después de haber comenzado este libro en una noche de invierno en San Petersburgo, hace unos años, la ansiedad me ha alcanzado muchas veces por el lento progreso de escritura. Lo que me consuela es que, aunque he visto algunos rumbos sociales evidentes y la urgencia de cambio, el mundo sigue mostrando festejos, y parece que la tormenta todavía está lejos, así que puedo sentir alivio con relación a mi postergación. Desde que terminé de escribir hace unos meses y comencé a traducirlo al inglés, el ambiente mundial ha cambiado de manera inquietante, y la situación se ha deteriorado rápidamente de una manera inimaginable. Hoy, cuando finalmente terminé todo el trabajo, el mundo se encuentra en una profunda crisis con una pandemia en expansión, la economía colapsando, el resentimiento público escalando, y la hostilidad entre países aumentando fuertemente. Parece que esta humanidad se está deslizando hacia un abismo de conflicto y sufrimiento. Este es el momento en que las personas necesitan generar, con urgencia, nuevas ideas y soluciones para superar este desastre y avanzar hacia un futuro brillante y esperanzador. Este puede ser el destino que Dios ha planeado para este libro.

Esta plaga inesperada supone un caso de estudio para que la micro democracia imagine diferentes posibilidades haciendo algunas suposiciones.

Con respecto al origen del virus, ha habido varias afirmaciones hechas por todas partes, incluyendo muchas teorías de conspiración. No voy a comentar sobre esto por el momento, ni tengo la intención de vender mi especulación a los lectores. Aunque la verdad esté oculta, siempre existe en alguna parte, descansando silenciosamente en un rincón o escondiéndose en el corazón de alguien. La razón del encubrimiento se debe principalmente a que los políticos tradicionales están para evadir las responsabilidades por sus errores, o mantener el poder y control, o aprovechar las oportunidades para atacar a los rivales, o deliberadamente confundir lo audiovisual con otros fines. Finalmente, es para engañar al pueblo y utilizar a las personas para servir a sus intereses egoístas. En un mundo micro democrático, sin políticos ni gobernantes tradicionales, con transparencia completa de la información, este accidente puede que, para empezar, ni siquiera sucediera. Incluso si sucede, las personas pueden conocer la verdad y responder de manera más eficaz, en lugar de perder el tiempo y energía en la dirección incorrecta o sospechar el uno del otro y hacer acusaciones, que incluso podrían conducir a posibles conflictos y guerras.

Si el origen del virus sigue siendo controversial, la pérdida del control al comienzo del brote es, sin duda, un desastre humano. En las primeras semanas, la ocultación de información por razones políticas, hizo que las personas perdieran la mejor oportunidad para detener la propagación del virus. Cuando la infección se extendió por todo el mundo, la negligencia deliberada y la subestimación por razones políticas, combinada con la incapacidad del sistema político, hizo que las personas perdieran el mejor momento para prepararse médica y financieramente. La pérdida de estas oportunidades ha costado, innecesariamente, vidas humanas y pérdidas económicas multiplicadas por mil. De nuevo, en un mundo micro democrático, donde no existen los políticos y gobernantes tradicionales, donde la información es completamente transparente, esto también se puede evitar. En particular, los pesos electorales basados en el conocimiento de la toma de decisiones micro democrática, puede hacer una gran diferencia. Tomando ventaja de la suma del conocimiento médico y económico de toda la sociedad, las personas proporcionarán respuestas más informadas, equilibradas y rápidas basadas en la completa comprensión de la situación en tiempo real, en lugar de caer en adivinanzas y espera.

Mientras se daba respuesta a la pandemia, las vulnerabilidades de algunos países desarrollados con economías de mercado han estado completamente expuestas. En algunos de los países más ricos del mundo, debido a la eterna polarización, los ricos lo tienen todo, pero los pobres luchan al borde de la supervivencia. Una vez que ocurre un desastre, el límite de supervivencia de los pobres colapsa inmediatamente. Ellos pierden su sustento, metiéndose en graves problemas. En el mundo micro democrático, los materiales de subsistencia representan el sistema básico de los derechos humanos, garantizados incondicionalmente por el gobierno. El alojamiento y alimentación básica, la atención médica y las comunicaciones son soportes esenciales para la salud física y mental de las personas, lo que les permite atravesar tiempos difíciles con tranquilidad.

La libertad migratoria en los derechos humanos institucionales de la micro democracia puede preocupar a las personas, quienes se preguntan si dicho flujo de inmigrantes pueda causar la expansión de la pandemia. De hecho, la micro democracia ha diseñado algunos procedimientos de emergencia para periodos especiales como guerras, pestes y desastres naturales, permitiéndoles a las personas tomar medidas razonables, incluyendo el establecimiento de restricciones temporales a los derechos humanos institucionales para responder a las crisis de manera eficaz. El diseño de estos procesos se puede encontrar en los capítulos *Derechos Humanos* y *Gobierno*. Particularmente, es necesario señalar que los gobernantes de ciertos países han explotado esta oportunidad de la epidemia para expandir activamente su poder, especialmente restringiendo, aún más, el control de la información. Las personas deberían asustarse y prestar especial atención a esta regresión en la democracia y la restauración de la autocracia. En el diseño de la micro democracia, se enfatiza particularmente que las restricciones temporales de los derechos humanos para los periodos especiales requieren la autorización de todo el pueblo, y debe de existir un mecanismo de restauración automatizado que sea confiable.

El impacto de la pandemia en la economía provocó un enorme desastre indirecto. Sin embargo, todavía existen algunas revelaciones positivas que podemos sacar de esto. En primer lugar, el estancamiento económico a gran escala no ha tenido un impacto significativo en los suministros de supervivencia de las personas, y los suministros de alimentos y necesidades diarias son, todavía, abundantes. Este aspecto muestra que el nivel de producción social ya es muy alto, y que las reservas materiales también son muy abundantes. Por otro lado, también demuestra que la mayoría del trabajo de las personas es realmente innecesario. La producción agrícola mundial ya tiene capacidades de mecanización a gran escala, y solo una pequeña porción de individuos pueden producir suficientes alimentos para todas las personas. La producción industrial también ha superado con creces el nivel necesario; solo la sociedad consumista diseñada deliberadamente es la que ha creado una demanda excesiva. Cuando las personas se vieron obligadas a confinarse, se descubrió que, en realidad, las necesidades materiales de los ciudadanos pueden ser mucho más sencillas, y la reducción de las necesidades materiales también redujo significativamente la demanda de fuerza de trabajo en la industria manufacturera. En otras palabras, solo una pequeña cantidad de producción industrial y fuerza de trabajo es necesaria para satisfacer las necesidades razonables de las personas. De hecho, la reducción en la producción industrial ha producido, incluso, algunos efectos positivos[1]. Por ejemplo, en menos de dos meses, las emisiones totales de gases de efecto invernadero del mundo han caído un 5%, y el consumo de recursos naturales también se redujo dramáticamente. Las personas han demostrado que un modelo económico saludable puede revertir de manera efectiva la tendencia del calentamiento climático y el deterioro ecológico.

Por consiguiente, el impacto de la pandemia en la vida de las personas, definitivamente, no se debe a la escasez de materiales, sino básicamente a la deficiencia en la distribución del material, o el fracaso del sistema de la economía de mercado que determina el mecanismo de distribución de los materiales. La razón es muy simple: hemos aprendido que los alimentos y los materiales del mundo son suministrados adecuadamente y solo requieren una pequeña cantidad de mano de obra. Pero, aun así, la necesidad de alimento y de materiales de subsistencia de la mayoría de las personas deben satisfacerse (de lo contrario, causará malestar social y colapso político), de modo que la esencia del problema es cómo distribuir los alimentos y materiales a la mayoría de las personas que no los producen. La solución de la economía de mercado es crear y expandir la industria terciaria, es decir, el sector de los servicios. El alimento que las personas pueden consumir es limitado, así como la ropa que utilizan, pero los servicios que pueden disfrutar son ilimitados. Además, en este proceso, los capitalistas también pueden obtener una plusvalía. De hecho, esta estrategia ha mantenido el problema a raya durante mucho tiempo. Lamentablemente, este mecanismo se ha desarrollado al extremo, y las personas tienen que trabajar muchas horas innecesariamente, y no pueden disfrutar de manera plena los beneficios que la civilización humana tiene para ofrecer. Sin embargo, la pandemia destruyó completamente el sector servicio[2], lo que puso a la economía de mercado en una situación desesperada.

Ante la desesperación económica, la reacción instintiva de la sociedad capitalista es, normalmente, la guerra. Por un lado, prepara enemigos para eludir las responsabilidades de la negligencia de los políticos y encubrir los defectos estructurales de la economía de mercado. Por otro lado, crea una demanda de materiales y mano de obra a través de la guerra. En esencia, salva al sistema de economía de mercado a costa de una tremenda pérdida de vidas y materiales. Ciertamente, siempre existe la posibilidad de que toda la humanidad se enfrente a dificultades y supere los desafíos junta. Pero esto requiere una gran fuerza de paz y el poder del amor por la vida. Para esta visión, los países modernos son, precisamente, su enemigo natural, y los políticos tradicionales que viven bajo el caparazón del Estado moderno actúan como el virus. Existe un fenómeno en la lucha contra el virus en dondelos locales de varios países trabajan relativamente juntos, pero entre países luchan y se culpan entre sí, e incluso obstruyen el flujo de suministros médicos y alimentos a los lugares con necesidades más urgentes. Todos estos actos exacerbaron la crisis humanitaria. Los virus no conocen fronteras, pero las fronteras nacionales crean otro tipo de enfermedad, que impide el flujo sanguíneo de la sociedad humana y empeora los síntomas.

Aparentemente, la micro democracia puede resolver estos problemas eliminando las naciones modernas por completo. Sin embargo, de hecho, sin tener que adoptar un enfoque que parezca demasiado radical, el diseño del sistema educativo de la micro democracia, por sí solo, es suficiente para proporcionar un tercer camino para resolver el dilema económico actual. Es decir, sustituir al sector servicio por el sector de la educación en la economía de mercado. El sector educativo se convertirá en la cuarta industria emergente, para que la distribución de los materiales se pueda realizar de forma compatible con la economía de mercado. Debido a que la oferta de empleo del sector educativo es infinita, y su demanda material es baja, no se verá afectada por los desastres, de modo que se mantiene la operación social regular y ordenada. Esto no solo resolverá la crisis de la economía mercado a corto plazo, sino que también puede convertirse en una oportunidad para que un país supere a otros rivales y logre un salto tecnológico. Ya que el suministro social de alimentos y materiales es inevitable, ¿por qué no convertirlo en una inversión y fuerza motora del progreso social? ¿Por qué no maximizar sus efectos?

En este momento, el mundo todavía se encuentra en la crisis más profunda. Las personas todavía se encuentran en un estado de pánico, miedo, tristeza, ira y odio. Sin embargo, el desastre eventualmente pasará como un sueño, y las personas comenzarán a vivir de nuevo. Pero, la vida ya no será la misma de antes. Las personas han visto los diversos peligros que acechan en este sistema, en esta sociedad y en este mundo y, sin duda, tomarán otras decisiones para el futuro. Espero que este libro muestre a las personas un nuevo camino, un camino hacia la luz.

Déjenme terminar este libro con la famosa cita de John Lennon[3]:

Imagina que no hay países, no es difícil hacerlo
Nada por lo cual matar o morir, y tampoco ninguna religión
Imagina a toda la gente, viviendo la vida en paz

Imagina que no hay posesiones, me pregunto si puedes
No hay necesidad de codicia ni hambre, una hermandad humana
Imagina a toda la gente, compartiendo todo el mundo

Quizás digas que soy un soñador, pero no soy el único
Espero que algún día te unas a nosotros, y el mundo será uno solo

Aaron Ran
aaron.ran@microdemocracy.com
http://www.microdemocracy.com
Tennessee, EE.UU., 5 de abril del 2020

Notas

Prólogo

1. Bae, Hannah. "Bill Gates manda un correo electrónico a un empleado de Microsoft para celebrar el 40 aniversario de la compañía". CNN Negocios, CNN Dinero, abril 2015. https://money.cnn.com/2015/04/05/technology/bill-gates-email-microsoft-40-anniversary/index.html
2. Hegel, Georg Wilhelm Friedrich, et al. *Elementos de la Filosofía del Derecho.* Cambridge University Press, 1991.
3. Driver, Julia. "La historia del Utilitarismo". *Enciclopedia de la Filosofía de Stanford*, Universidad de Stanford, 22 de sept. 2014, plato.stanford.edu/entries/utilitarianism-history/.

Capítulo 1 El Voto

1. La Declaración Universal de los Derechos Humanos. Naciones Unidas, 1948.
2. Los Editores de la Enciclopedia Británica". "Ecclesia". *Enciclopedia Británica*, Encyclopedia Britannica, Inc., 2 de abril 2018, www.britannica.com/topic/Ecclesia-ancient-Greek-assembly.
3. Speck, Bruno Wilhelm, y Wagner Pralon Mancuso. "Un estudio sobre el impacto del financiamiento de campañas, el capital político y el género en el desempeño electoral" *Revista Brasileña de Ciencias Políticas,* vol. 8, no. 1, 2014, págs. 34–57., doi:10.1590/1981-38212014000100002.
4. Jhangiani, Dr. Rajiv, et al. "Sesgos en la Atribución". *Principios de Psicología Social 1ra Edición Internacional*, BC Campus, 26 de sept. 2014, opentextbc.ca/socialpsychology/chapter/biases-in-attribution/.
5. Smaldone, David. "El Papel del Tiempo en el Apego al Lugar". *Informe Técnico General - Actas*, 2007, doi: https://www.fs.usda.gov/treesearch/pubs/12653.
6. Dennet, Daniel. "Teoría de la Mente". *El Manual de Oxford de Psicología Evolutiva Comparada*, por Jennifer Vonk y Todd K. Shackelford, Oxford University Press, 2012, págs. 53–54.

Capítulo 3 Procedimiento

1. Rousseau, Jean-Jacques, et al. *El Contrato Social.* Penguin, 2004.

Capítulo 4 Derechos Humanos

1. Triandis, Harry C. *Individualismo y Colectivismo.* Routledge, 2019.

2. Berrill, Kenneth y T. S. Ashton. "La Revolución Industrial 1760-1830". *The Economic Journal*, vol. 59, no. 235, 1949, pág. 403., doi:10.2307/2226873.
3. Declaración Universal de los Derechos Humanos. Naciones Unidas, 1948.
4. Maslow, Abraham H. "Una Teoría Sobre la Motivación Humana". *Psychological Review*, vol. 50, no. 4, 1943, págs. 370396., doi:10.1037/h0054346.
5. "Nota Informativa de la FAO Sobre la Oferta y la Demanda de Cereales" *Situación Alimentaria Mundial*, Organización de las Naciones Unidas para la Alimentación y la Agricultura, www.fao.org/worldfoodsituation/csdb/en/.
6. Smith, Adam. *La Riqueza de las Naciones*. W. Strahan y T. Cadell, Londres, 1776.
7. Wood, John Cunningham. La Economía de Carlos Marx: Evaluaciones Críticas. Routledge, 1991.
8. Naciones Unidas. "YouthStats: Educación" *Enviado Para la Juventud de Naciones Unidas*, Oficina del Enviado del Secretario General Para la Juventud, 2015, www.un.org/youthenvoy/youth-statistics-education/.

Capítulo 5 Derechos Humanos

1. Rheinstein, Max, y Mary Ann Glendon. "Derecho Civil". *Enciclopedia Británica*, Encyclopedia Britannica, Inc., 16 de oct. 2019, www.britannica.com/topic/civil-law-Romano-Germanic.
2. Healy, Nicholas Joseph. "Derecho Marítimo". *Enciclopedia Británica*, Encyclopedia Britannica, Inc., 22 de enero 2020, www.britannica.com/topic/maritime-law.

Capítulo 6 Gobierno

1. Los Editores de la Enciclopedia Británica. "Separación de Poderes". *Enciclopedia Británica*, Britannica, Inc., 10 de abril 2020, www.britannica.com/topic/separation-ofpowers.

Capítulo 7 Mundo

1. Chen, James. "Retorno Sobre la Inversión (ROI)". *Investopedia*, Dotdash - Investopedia, 27 de abril 2020, www.investopedia.com/terms/r/returnoninvestment.asp.
2. Twin, Alexandra. "Entendiendo los Indicadores Clave de Rendimiento (KPIs)". *Investopedia*, Dotdash - Investopedia, 29 de enero 2020, www.investopedia.com/terms/k/kpi.asp.
3. Hamann, Ralph y Stephanie Bertels. "El Trabajo Institucional de la Explotación: el Trabajo de los Empleadores Para Crear y Perpetuar la Desigualdad". *Journal of Management Studies*, vol. 55, no. 3, 2017, págs. 394–423., doi:10.1111/joms.12325.

Capítulo 8 Mundo

1. Fukuyama, Francis. El Fin de la Historia y el Último Hombre. Penguin, 1992.
2. Stalin, Joseph Vissarionovich. *Sobre el Materialismo Dialéctico y el Materialismo Histórico*. International Publishers, 1972.
3. Ziblatt, Daniel. "¿Cómo se Democratizó Europa?" *World Politics*, vol. 58, no. 2, 2006, págs. 311–338., doi:10.1353/wp.2006.0028.
4. Skocpol, Theda. "Legados del Antiguo Régimen y Revoluciones Comunistas en Rusia y China". *Social Forces*, vol. 55, no. 2, 1976, pág. 284., doi:10.2307/2576225.
5. Joosung, Rhie. "LA INTENSIDAD DEL TRABAJO Y LA PLUSVALÍA EN CARLOS MARX: UNA NOTA". *History of Economic Ideas*, vol. 7, no. 3, 1999, págs. 181–191. *JSTOR*, www.jstor.org/stable/23722438. Accedido 1 de julio 2020.
6. Gören, Erkan. "Cómo la Diversidad Ética Impacta el Crecimiento Económico". *World Development*, vol. 59, 2014, pág. 275–297., doi: 10.1016/j.worlddev.2014.01.012.
7. Alesina, Alberto y Eliana La Ferrara. "Diversidad Ética y Desempeño Económico". *NBER WORKING PAPER SERIES*, 2004, doi:10.3386/w10313.
8. Spark, Alasdair. "Evocando al Orden: El Nuevo Orden Mundial y las Teorías Conspirativas de la Globalización". *The Sociological Review*, vol. 48, no. 2_suppl, 2000, págs. 46–62., doi:10.1111/j.1467-954x.2000.tb03520. x.
9. "5 Cosas que Debes Saber Sobre la Seguridad del Mainframe". *PSR Incorporated*, 16 de enero 2019, www.psrinfo.com/5-things-you-should-know-about-mainframe-security/.
10. Drolet, Michelle. "Cómo un Modelo de Nube Descentralizado Puede Aumentar la Seguridad y la Privacidad". *CSO Online*, CSO, 12 de julio 2019, www.csoonline.com/article/3405439/how-adecentralized-cloud-model-may-increase-security-privacy.html.
11. Hulme, George V. "DDoS Explicado: Cómo Han Evolucionado los Ataques de Denegación de Servicio". *CSO Online*, CSO, 13 de febrero 2020, www.csoonline.com/article/3222095/ddosexplained-how-denial-of-service-attacks-are-evolving.html.

Capítulo 9 Ciencia

1. Frank, Jill. "La Democracia Ateniense y sus Críticos". *Estudios Étnicos y Raciales*, vol. 42, no. 8, 2019, págs. 1306–1312., doi:10.1080/01419870.2019.1586971.
2. Riley, Padraig. La Esclavitud y la Conciencia Democrática: La Vida Política en la América Jeffersoniana. University of Pennsylvania Press., 2016.

Conclusión

1.   Reagan, Ronald. "Usurpando el Control" Reunión Anual de la Cámara de Comercio de Phoenix, 30 de marzo 1961.

Epílogo

1.   Quéré, Corinne Le, et al. "Reducción temporal de las emisiones globales diarias de CO2 durante el confinamiento forzado por la COVID-19". *Nature Climate Change*, vol. 10, no. 7, 2020, págs. 647–653., doi:10.1038/s41558-020-0797-x.
2.   Guzman, Nicolas, et al. "El Impacto del Coronavirus en las Organizaciones de Servicios: Resistiendo la Tormenta". *McKinsey & Company*, 29 de abril 2020, www.mckinsey.com/businessfunctions/operations/our-insights/coronavirus-impact-on-service-organizationsweathering-the-storm.
3.   Lennon, John, et al. "John Lennon – Imagina." *Genius*, genius.com/John-lennon-imaginelyrics.